Zeit für Vietnam

Traumziele in einem unentdeckten Land

Jochen Voigt

BRUCKMANN

Inhalt

1

2

Chao Mung Quy Khach Den Viet Nam!
Willkommen in Vietnam 6

Sattes Glück 11

Das Herz von Vietnam – Saigon 12

Alter Glanz mit neuem Namen
Das Herz von Vietnam – Ho-Chi-Minh-City 14

Cao Dai, Versuch einer Weltreligion
Tay Ninh – Ort der Religionen 30

Lebensader Mekong und eine einsame Insel
Mekongdelta und Südwestküste 34

»Die Mutter aller Wasser«
Lebensader Mekong 36

Frühstück bei einer Prinzessin
Flussfahrt mit Bett im Labyrinth der neun Drachen 42

Fischzucht im Wohnzimmer
Die schwimmenden Häuser von Chau Doc 50

Ausspannen an weißen Stränden
Phu Quoc – ein Inselparadies im Golf von Thailand 60

Vom Dschungel in die Berge
Das südliche Hochland 66

Leben wie Gott in Frankreich
Dalat und das südliche Hochland 68

Vom Hochland an die Küste
Mui Ne – Südliche Küste 74

Tauchen, Surfen, Bootstouren
Nha Trang – Strände ohne Ende 78

Herausforderung im Versteck
Ninh Van Bay – Bucht der wiederentdeckten Sinne 84

Starker Wind und 18 Löcher
Phan Thiet – Golfplatz und Surfparadies 88

Auszeit für Körper und Seele
Quy Nhon – Tai Chi und Yoga 92

Von Turm zu Turm
Das Geheimnis der Cham-Türme 98

Das Reich der Mitte
Drei Orte mit Vergangenheit –
Da Nang, Hoi An, Hue 102

Liebe auf den zweiten Blick
Da Nang – Zentralvietnam 104

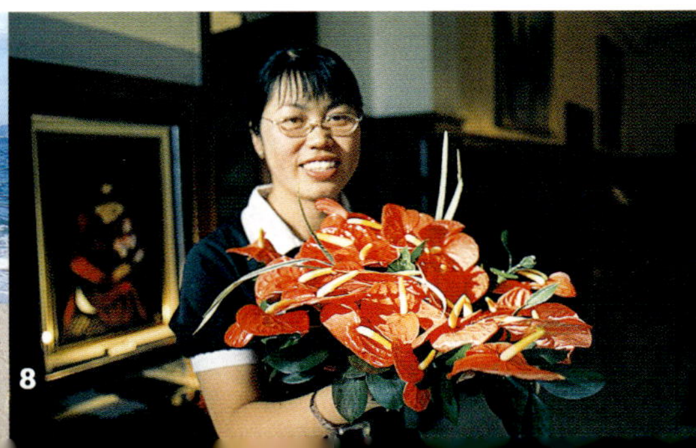
8

9

Zeitreise durch eine Kleinstadt
Hoi An – 500 Jahre lebendige Geschichte 108

Entlang der Mandarinstraße
Der Wolkenpass und Hue 116

Herbe Schönheit im Norden
Hanoi **126**

Traumstadtbummel
Mit Frau Vu Vietnam durch Hanoi 128

Besuch bei »Onkel Ho«
Hanoi – Mausoleum und tausend Jahre Kultur 138

Tausend Töpfe und ein mystischer Mann
Bat Trang – Reisschüsseln für Millionen 144

Natur pur
Faszinierende Küste des Nordens **148**

Womit hat der Drache geschmissen?
Die Bucht von Halong – und viele Legenden 150

Die versteckten Schönheiten
Dreieckstour Hanoi – Ninh Binh – Cuc Phung 158

Liebesmarkt und Zuckerrohr
Die Bergvölker im Norden **162**

Besuch bei den Nordlichtern
Hanoi, Mai Chau – und der lange Weg nach Sapa 164

Höher geht's nicht
Mount Phan Si Pan, Sapa und die lächelnden Hmong 170

Öko in Vietnam? Logisch!
Hoang Lien – ein Hochtal mit Weitblick 176

»Wo bitte geht's zum Krieg?«
Reisetipps für ein friedliches Land **180**

Bilder – Bomber – Bunker
Auf den Spuren des Krieges 182

Zu Gast in Vietnam
Praktische Reiseinformationen 186
Umgang mit den Menschen 189
Top-Tipps in Vietnam 189

Register 190

Impressum 192

1 Luxuskreuzfahrt in der Halong-Bucht. **2** Tropische Früchte am Mekong. **3** Blumenhmong in Can Cau. **4** Ofenfrische Baguette. **5** Entenklein in Bac Ha. **6** Fahrradparkplatz in Hoi An. **7** Bucht für die Seelsorge. **8** »Dalat Palace« – Orchideen für die Gäste. **9** Candle-Light-Dinner im Majestic. **10** Ihr Name in Chinesisch. **11** Architektur – Natur: »Evason Hideaway«. **12** Reishut und Aufreißhut.

Eine Dschunkenfahrt durch die Halong-Bucht mit ihren 3000 Inseln gehört zu den schönsten Erlebnissen einer Reise durch Vietnam. Die Landschaft aus smaragdgrünem Wasser, Inseln, Höhlen und Grotten wirkt mystisch, beruhigend und regt zum Träumen an. So wird die Legende vom Drachen, der mit einem Schwanzhieb oder mit einer Hand voll Perlen diese Bucht entstehen ließ, bald zu einem persönlichen Märchen, denn das Ende der Geschichte kann man sich selber aussuchen. Die Vietnamesen kennen zwei Versionen der Drachengeschichte, eine kämpferische und eine verträumte. Egal wie man sich entscheidet, hier, inmitten der Naturschönheiten, die an der Dschunke vorbeigleiten, genießt man in jedem Fall die Friedlichkeit und Ruhe dieser Wasserwelt. Mehr als tausend Fisch- und 160 Korallenarten leben unter dem Kiel der Dschunke in einem Naturreservat, das von der UNESCO zum Weltkulturerbe erklärt wurde. Um dieses nicht zu gefährden, ankern alle Ausflugsboote nur an vorgeschriebenen Plätzen. Dort darf man auch baden und mit dem Kajak durch das Naturparadies paddeln.

Die Bucht von Halong – eine Zauberwelt aus Wasser, Steinen und Legenden.

Chao Mung Quy Khach Den Viet Nam!

Willkommen in Vietnam

Kein anderes Land der Welt ist durch die Kriegsfotografie so intensiv dargestellt und gleichzeitig so entstellt worden wie Vietnam. Die nachhaltige Wirkung dieser Bilder macht es vielen Menschen immer noch schwer, Berührungsängste zu überwinden und Platz für eine neue Sichtweise zu schaffen, die ihnen dieses Land ohne die Schatten der Vergangenheit auf dem Weg in eine friedliche Zukunft zeigt.

Dabei gibt es genügend Gründe, Vietnam aus neuen Blickwinkeln zu betrachten: Vietnam ist in den letzten Jahren ein attraktives Reiseland geworden, das trotz seiner zähen Entwicklung zwischen Vergangenheit und Zukunft, den internationalen Anschluss gefunden hat. Dabei ist Vietnam ein Land geblieben, in dem die Traditionen gepflegt werden, die wundervolle Kultur erhalten bleibt – und auch Fremde wieder mit liebenswürdigem Charme begrüßt werden. Das macht es besonders leicht, sich in Vietnam schnell wohl zu fühlen. Nirgendwo in Asien gibt es zurzeit so viele Möglichkeiten, unbekümmert und sicher zu reisen. Das Angebot zwischen Luxus-, Kultur- und Erlebnisurlaub ist allerdings so überwältigend, dass man seine persönlichen Wünsche schon vorher sortieren sollte. Diese Reiseaufzeichnungen mit einer Mischung aus aktuellen Informationen, wunderbaren Erlebnissen und kleinen Geschichten am Rande des Weges sollen dabei helfen. Sie werden das Gefühl vermitteln, schon einmal bei »Land und Leuten« gewesen zu sein, bevor die eigene Reise beginnt.

Das lang gestreckte Vietnam fasziniert durch seine Vielfältigkeit zwischen Dschungel, Berglandschaften und endlosen Stränden. Auf den 1650 Kilometern vom Mekongdelta bis zum hohen Norden an der chinesischen Grenze ist Vietnam so unterschiedlich wie kein zweites Land in Asien. Von Region zu Region werden die Sinne neu angeregt. Augen, Nase, Ohren verlangen ständig Aufmerksamkeit für neue Eindrücke: Düfte, Geräusche, Bilder. Immer neue Bilder von Blumen, Tieren, Menschen, friedliche Bilder, die endlich anstelle derer treten, die vor 30, 40 Jahren die Wohnzimmer mit den Abendnachrichten geflutet haben. Von Reisemüdigkeit auf langen Strecken also keine Spur, sogar einfache, sachliche Informationen, die man unterwegs aufschnappt, verblüffen oft: Der Kaffee aus dem Hochland gehört zu den besten der Welt, der begehrte Zimt aus der Gegend von Yen Bai landet im Hamburger Hafen, und – Vietnam ist das Land wo der Pfeffer wächst. Aber, man sollte sich überlegen ob man jemanden, den man nicht mag, mit diesem Sprichwort so leichtfertig in das herrliche Land schickt. Oder vielleicht doch? Denn: Vietnam ist ein lautes Land, Vietnam ist ein hektisches, quirliges Land, Vietnam ist ein Land, das, übertragen auf unsere Verhältnisse, aggressiv machen müsste, doch genau das tut es nicht. Das Chaos Vietnam beruhigt, aber macht nicht benommen. Es mobilisiert Fähigkeiten, die in unserer Welt untergegangen sind, sei es der Umgang miteinander oder der Umgang mit sich selber. Die Sinne sind plötzlich positiv ausgerichtet, nicht mehr auf den feindseligen Verdrängungswettbewerb wie in der Heimat – und diese Veränderung merkt man bald an sich selber. Nämlich dann, wenn man zaghaft zurücklächelt – oder, im fortgeschrittenen Stadium sogar als Erster lächelt. Das hat natürlich Folgen, nirgendwo in Asien wird herzhafter – und ehrlicher gelacht als in Vietnam.

Durch solche persönlichen Erlebnisse und Erfahrungen bekommt das Land Gestalt. Gesicht bekommt es durch die Menschen, die es einem einfach machen, mit ihnen freundschaftlichen Kontakt aufzunehmen. Das allerdings hat noch einen liebenswerten Hintergrund: Das fröhliche Volk ist äußerst neugierig, sie wollen alles genau wissen. Wenn jemand nach dem Privatleben fragt, hat man schon gewonnen. Dann erzählt man eine schaurig-schöne Geschichte, weinende Kinder und schreckliche Scheidung inbegriffen. Das zieht jeden Vietnamesen in den Bann. Reiswein, Schlangenschnaps oder grüner Tee »aufs Haus« runden die Geschichte ab – und werfen neue Geschichten auf: Die gruseligen Storys von Schlangensuppe und Hundegulasch.

Vorweg gesagt: Es gibt alles in Vietnam, und es gibt auch Reisende die krampfhaft nach allem suchen. Doch es gibt auch Traditionen der Vietnamesen, die Europäer nicht verstehen, aber leider oft oberflächlich interpretieren. Schlangengerichte sind in ganz Asien eine Delikatesse, sie werden appetitlich angerichtet und sind teuer. Deswegen gibt es über den Restaurantfriedhof der Kuschel- und Krabbeltiere nichts weiter zu berichten. Der Tây, der Fremde aus dem Westen, sollte es dabei belassen und sich aufregenderen Dingen zuwenden. Zum Beispiel der spannenden Frage, welche Figur

1 Rushhour in Saigon. **2** Die Tintenfischer von Phan Thiet. **3** Pech für Glücksvögel. **4** Flower-Power in Chau Doc. **5** Auf dem Weg ins Hochland.

Vietnam auf der Landkarte darstellen könnte? Europäer denken gerne an ein Seepferdchen, das sich, mit Blick auf den Golf von Tonking, mit dem Kopf an den großen Bruder China schmiegt, mit dem Rücken an Laos und Thailand und mit dem Hinterteil an Kambodscha. Das Auge ist die Hauptstadt Hanoi, die Nase Haiphong. Der schlanke Hals geht von Vinh bis Quy Nhon, der leichte Bauchansatz über Ho-Chi-Minh-City ins Mekongdelta, dessen Spitze bildet den Schwanz. Patriotische Vietnamesen lesen gerne die typische Bambusstange mit den Reiskörben an beiden Enden aus der Karte. Sie symbolisiert das Gleichgewicht zwischen den beiden Deltas, dem Mekongdelta im Süden und dem Red-River-Delta im Norden. Kritische Vietnamesen haben dafür eine neue Interpretation: Sie lesen nur noch das US-Dollarzeichen aus den Umrissen ihres Landes.

1

2

Gewagt, aber nicht verboten in einem kommunistischen Land, in dem der wirtschaftliche Boom so rasant vorangeht, dass schon manche sorgenvoll in die Zukunft schauen. Noch nie in seiner jungen Friedensgeschichte stand das Land vor einem größeren Umbruch als jetzt. Kein Krieg hat mehr Veränderungen gebracht als Doi Moi, der marktwirtschaftliche Seiltanz der kommunistischen Partei Vietnams. Ein Seiltanz zwischen Sozialismus und Kapitalismus, der nach westlichen Pfeifen getanzt werden muss und dessen Messlatte sehr hoch liegt. Zu hoch, sagen viele, und meinen die unvermeidliche Identitätskrise, die auf das Land zukommt, wenn dieser Fortschritt von außen gesteuert wird – mit Geld von ausländischen Investoren, die bei dieser Entwicklung nur die schnelle Rendite im Auge haben. Bei dem riesigen Sprung, den Vietnam jetzt macht, um bald zu den »Tigerstaaten« Asiens zu gehören, ist die Erhaltung der Tradition die wichtigste und zugleich sensibelste Aufgabe, denn die Vietnamesen pflegen einen sehr mystischen Glauben der ihre Kultur über Jahrhunderte geprägt hat, trotzdem leben sie sehr zukunftsorientiert. Ihre Geister- und Ahnenwelt gibt ihnen dabei die größten Kräfte. Geraten diese traditionellen Werte außer Balance, wird das Land seine liebenwürdige, geheimnisvolle Seele verlieren.

Manche Hotelkonzerne haben frühzeitig reagiert und steuern schon jetzt mit behutsam gestalteten Projekten gegen Bau- und Umweltsünden des ersten Booms an. Die Integration in vorhandene Strukturen wie Landwirtschaft und Dörfer, spielt dabei eine große Rolle. Dadurch werden Arbeitsplätze und neue Absatzmärkte für die Landbevölkerung geschaffen. Es gibt Beispiele: Das Life-Resort in Quy Nhon, »Cassias Cottage« auf Phu Quoc und die Öko-Lodge im hohen Norden. Das sind realistische Modelle, die nach dem Grundprinzip des Daoismus funktionieren, einer Ordnungslehre aus dem 7. Jahrhundert v. Chr., die die Rückkehr zur Natur fordert und einen Weg, *dao,* sucht, der alle Gegensätze harmonisiert. Dieser Weg, bewusst oder unbewusst gewählt, erzeugt Respekt bei den Menschen, in deren Lebensraum man Veränderungen herbeiführt. So bewahrt jeder sein Gesicht. In Vietnam ist das eine Grundvoraussetzung für ein harmonisches Miteinander, denn das spielt im täglichen Leben eine sehr große Rolle. Fremden Augen bleibt diese Harmonie oft verborgen, allein der Gedanke an Harmonie in Anbetracht des täglichen Chaos scheint ihnen absurd. Unterschätzen sollte man die Vietnamesen deswegen aber niemals. Die Geschichte Vietnams kann ein Lied davon singen, wie verachtete Könige und Feldherren übermächtige, arrogante Gegner mit listigen Kriegsideen bezwungen haben: König Le Loi etwa, der die chinesische Flotte mit einem Trick zerstörte, oder die Schwestern Hai Ba Trung, die tapfersten Frauen, die jemals ein Heer anführten. Ihre Namen liest man noch heute auf vielen Straßenschildern.

1 Chamtürme Po Nagar. **2** Pool im Dschungel – »Evason Hideaway«. **3** Pagode Tam Thai am Marmorberg Thuy Son. **4** Tempel der japanischen Brücke in Hoi An.

Mit den Siegen der jüngeren Geschichte gegen Franzosen und Amerikaner in Dien Bien Phu und Saigon wird mittlerweile behutsamer Propaganda gemacht. Das »Museum für Kriegsverbrechen« wurde vor kurzer Zeit umbenannt. Jetzt heißt es »Das Kriegsreste-Museum«.

Wenn man noch mehr von Vietnam verstehen will, lohnt es sich, in der Geschichte herumzustöbern, dazu laden viele, sehr gute Museen in ganz Vietnam ein. In Hanoi gibt es seit einiger Zeit auch das Frauenmuseum. In schlichter Aufbereitung erzählt es politisch korrekt, sachlich, und deswegen wohl so erschreckend, die Rolle der Frauen in den jüngsten Kriegen. Spätestens hier wird klar, mit welcher Überzeugung und mit welcher Kraft das Land um seine Befreiung gekämpft hat. Manche amerikanischen Besucher im Kriegsveteranenalter gehen hier betreten heraus. Vielleicht haben sie erst jetzt erfahren, dass sie gegen Frauen gekämpft haben, die unbesiegbar waren.

Die moderne Art der Unbesiegbarkeit von Frauen setzt sich im internationalen Geschäftsleben des heutigen Vietnam fort. So manchem »stolzen Pfau« mit Aktenkoffer und Bügelfalte sind schon innerhalb der ersten Verhandlung mit einer vietnamesischen Businesslady dermaßen die Feder gerupft worden, dass er sich zu seinen Reisschnapsverhandlungen mit Männern oder gleich auf die Schwäbische Alb zurückseht. Die vergoldete Statue »Mutter Vietnam« steht zu Recht in Überlebensgröße hoch aufgerichtet mit Kind auf dem Arm im Eingang des Frauenmuseums von Hanoi. An ihr kommt man einfach nicht vorbei. Seepferdchen, Dollarzeichen, Tragestange mit Reiskörben. Egal, mit welchen Bildern man sich die Landkarte Vietnams einprägt, die geografische Übersicht von Vietnam lässt sich recht einfach merken. Ganz Bequeme teilen das Land einfach in der Mitte in Süd und Nord, genau am 17. Breitengrad, der als DMZ (die entmilitarisierte Zone) im letzten Krieg eine große Bedeutung hatte. Der nächste Schritt ist die Aufteilung in Süden, Zentralvietnam und Norden, das vermittelt schon bessere Vorstellungen. Um jedoch einen Gesamteindruck von der geografischen Vielfalt des Landes zu bekommen, sollte man sich folgende Regionen mit einer größeren Stadt vom Süden ausgehend zum Norden hin merken: Mekongdelta (Can Tho), Südosten (Ho-Chi-Minh-City), zentrales Hochland (Dalat), südliche Zentralküste (Hoi An), nördliche Zentralküste (Vinh), Delta des roten Flusses (Hanoi), Nordwest (Sapa) und Nordost (Lao Cai). Erst dadurch wird klar, welche unterschiedlichen Landschaftsformen Vietnam zu bieten hat. Das lange, in der Provinz Quang Binh nur 50 Kilometer breite Land hat auch klimatisch einige Überraschungen zu bieten.

1 Kunsthandwerk auf dem Markt. **2** Aufmarsch aus den Bergen – Sonntagsmarkt Bac Ha. **3** Drachensegeln in der Halongbucht. **4** bis **7** Le Van Dung bei der Zubereitung einer vietnamesischen Nudelsuppe.

Irgendwo regnet es immer, sagen die Vietnamesen, oder es ist zu heiß oder zu kalt. Schließlich liegt ihr Land in einer tropischen Monsunregion, die eigentlich nur zwei Jahreszeiten zulässt, die Regenzeit von Mai bis Oktober, die Trockenzeit von November bis April, aber das ist sehr vereinfacht, denn im Norden gibt es noch zwei Übergangszeiten, die Nebel, Feuchtigkeit und manchmal sogar Schnee bescheren. Als grobe Regel gelten die Monate von Oktober bis März als beste Reisezeit, doch das hängt auch sehr davon ab was für einen Urlaub man in Vietnam machen möchte. In diesem Land, das sich erst vor etwa 13 Jahren den Reisenden geöffnet hat, ist inzwischen alles möglich: Vom Abenteuerurlaub über Bade-, Luxus- und Wellnessurlaub bis zur zünftigen Bergwanderung.

Berg oder Tal, Wasser oder Wald, Strand oder Stadt – Hanoi oder Ho-Chi-Minh-City? Das ist so, als müsste man sich zwischen Operette und Oper, Woodstock und Mailänder Scala entscheiden. In der Metropole Hanoi läuft das Leben anders als in der Megacity Ho-Chi-Minh.

Hanoi ist gemütlicher, übersichtlicher, ehrwürdiger als die ausgeflippte Schwester im Süden, die immer noch als die charmanteste Stadt Asiens bezeichnet wird. In diesem Zusammenhang nennt man sie natürlich auch noch Saigon. So unrichtig ist das allerdings nicht. Das Kürzel auf den Flugtickets ist »SGN« und nicht »HCMC«, so wie die Stadt flapsig und ein wenig respektlos von der jüngeren Generation genannt wird, auch wenn der erste Distrikt, also der innere Stadtteil, in dem die meisten Grandhotels liegen, tatsächlich Saigon heißt.

Aber beide Städte, Hanoi und Ho-Chi-Minh-City, sind absolut typisch für das Land; die verschiedenen Lebensarten entsprechen schlicht und einfach den unterschiedlichen Mentalitäten der Menschen zwischen Nord und Süd. Ein nettes Beispiel erklärt das ganz anschaulich: die liebevoll gepflegte »Hassliebe« zwischen den Bayern und den Preußen. Überflüssig wie ein Kropf, aber meistens amüsant. Dass die Nordvietnamesen wegen ihrer Pünktlichkeit und Zuverlässigkeit dabei auch gerne die »Preußen Asiens« genannt werden, erhellt noch zusätzlich den kleinen Unterschied. Insgesamt ist es letztendlich unbedeutend, wie eine Reise durch Vietnam gestaltet, begonnen oder beendet wird. Falsch machen kann man ohnehin nichts. Man sollte nur nicht versuchen, in aufreibenden Touren alles auf einmal und von jedem etwas kennenzulernen. Diese Entdeckungsreise durch Vietnam ist deswegen auch nicht als komplette Reiseanleitung zu verstehen, eher als intensiver Einblick in ein Land mit seinen Menschen, deren Witz und Charme immer wieder aufs Neue fasziniert – in ein Land, das seine Wunden mit neuem Zauber überdeckt hat, und trotz, oder besonders wegen

der schmerzenden Narben auf eine friedliche Zukunft hofft. In Ho-Chi-Minh-City beginnt diese Reise zwischen Vergangenheit und Zukunft. Eine aufregende, anregende, verblüffende und nervende Stadt, in deren Zentrum der wohlklingende Name ihrer einstigen Blüte erhalten ist: Saigon.

Von dieser neuen Megacity, nach inoffiziellen Schätzungen ist die 10-Millionen-Grenze bereits überschritten, führt die Reise in das Mekongdelta, der Reisschüssel des Südens und Lebensader Vietnams. Nach der Entdeckung von Saigon und den Eindrücken im Mekongdelta findet man Ruhe und einsame Strände im Inselparadies Phu Quoc im Südwesten Vietnams. Vom Dschungel und Strand über die Berge ans Meer geht es weiter über das südliche Hochland an die südliche Küste: Dalat, Mui Ne, Na Trang, den Traumbadeorten mit Karibikflair. Im Reich der Mitte, Zentralvietnam, locken die alte Hafenstadt Hoi An und die Kaiserstadt Hue mit idyllischen Gassen, uralten Kaufmannshäusern und tausendjähriger Geschichte. Von der Hauptstadt Hanoi, der herben Schönheit im Norden, geht es in die geheimnisvolle Halongbucht und in die Berge nach Sapa, das immerhin auf einer Höhe von 1600 Metern liegt.

Auf den bunten Märkten treffen sich an jedem Wochenende die farbenfroh bekleideten Bergvölker der Umgebung, um ihre Waren anzubieten. Die Vielfältigkeit der Trachten, Dialekte und Gebräuche dieser ethnischen Minderheiten machen deutlich, dass Vietnam auf seinem Weg in die Zukunft noch viele Herausforderungen zwischen Tradition und Fortschritt bewältigen muss.

Am Ende der Reise wartet noch einmal die ehrwürdige Dame Hanoi mit ihrem morbiden Charme. Entweder für den Heimflug, oder, wer im Norden beginnt, für die Weiterfahrt in den Süden. Wer den Nachtzug von Lao Cai an der chinesischen Grenze genommen hat, kommt morgens durchgeschüttelt in Hanoi an. Wer den Tageszug genommen hat, dem geht es nicht besser, Vietnam ist kein Bahnreiseland, aber ein kleines Abenteuer auf dem Schienenstrang sollte man sich doch gönnen. Am Ende bleiben Erlebnisse und Entdeckungen, die man kaum noch in anderen Ländern machen kann, in einem Land, vor dem man Angst hatte, weil Bilder nicht aus dem Kopf zu löschen waren, die eine ganze Generation geprägt haben. Die Begegnungen mit den Menschen dieses Landes, seiner Kultur und seiner Naturschönheiten haben diese grausamen Bilder jetzt überschrieben. Das macht die Erinnerungen an diese Reise so nachhaltig und wertvoll.

Sattes Glück

Sattes Glück – das bedeutet für die Vietnamesen: Ein üppig gedeckter Tisch, dampfende Reisschüsseln, Fleisch, Fisch und reichlich Gemüse, natürlich frisch vom Feld, das es nur so knackt. Essen und Trinken sind in Vietnam das wichtigste Lebensgefühl und das teilen sie gerne in großer Gesellschaft. Man sollte keine Gelegenheit auslassen, sich mit ihnen an einen Tisch zu setzen. Besser kann man Vietnam nicht kennenlernen. Die vietnamesische Küche gilt immer noch als ursprünglich, weil die meisten Zutaten traditionell zubereitet werden. Trotzdem hat sich aus der Mischung von asiatischer mit französischer Küche ein neuer Stil entwickelt, den manche Köche arg strapazieren. Das ist dann schnell gegessen und man freut sich auf die nächste *pho bo,* die einfache vietnamesische Nudelsuppe mit Rindfleisch, oder die »Da Nang Flat Noodle« aus Zentralvietnam, die der Chefkoch Le Van Dung vom »Life-Resort Hoi An« zubereitet hat.

Zutaten: 300 Gramm Hühnchen, 200 Gramm flache Nudeln, 50 Gramm Tomaten, 50 Gramm Zwiebeln, 25 Gramm Ananas, 1 Stück Garnelenchip, 10 Gramm Erdnüsse, gemischte Kräuter der Saison, Salz, Pfeffer, Limone und Chili. Das Hühnchen schmoren, das Gemüse und alle übrigen Zutaten dünsten, abschmecken und mit knackiger Frühlingsrolle aus Reispapier, Erdnüssen und Sesamkeksen servieren.

MINH MUÔN
HỮU HUÂN

Das Herz von Vietnam

Saigon

Miss Saigon gleich viermal – Vy, Loan, Anh und Phuc im Moto-Corso am Ben-Than-Markt.

HSBC
tuoi tre
Thế kỷ 21

Alter Glanz mit neuem Namen

Das Herz von Vietnam – Ho-Chi-Minh-City

»Das Gesetz des Kaisers endet an der Dorfhecke«, sagt ein beliebtes vietnamesisches Sprichwort – oder an der Stadtgrenze von Ho-Chi-Minh-City.

Die moderne Variante dieser alten Weisheit drückt aus, was für die Menschen in dieser Stadt charakteristisch ist und was für sie Lebensgefühl bedeutet. Saigon hat schon immer nach eigenen Gesetzen gelebt. Wie eine junge, zügellose Schwester, an der konservative Erziehungsversuche der älteren Schwester Hanoi hartnäckig scheitern.

Diese Lebensart ist es wohl, die das Flair und die Anziehungskraft dieser größten Stadt Vietnams ausmacht. Saigon ist eine gelungene Inszenierung aus »Tanz auf dem Vulkan« und Anarchie. Doch diese Mischung stößt in keiner Weise ab.

Spätestens dann, wenn der Ankunftsschock in Faszination übergegangen ist, die Überdosis Abgase verträglicher wird und man das ohrenbetäubende Dauerhupkonzert nicht mehr persönlich nimmt. Dann merkt man, wie freundlich es in dieser unüberschaubaren Millionenstadt tatsächlich zugeht. Der brodelnde Kessel Saigon besteht, wie das herrliche Nationalgericht Vietnams, der Feuertopf Lau, aus zusammengewürfelten Zutaten des täglichen Lebens. Auch in den »Lau« kommt alles, was Vietnam zu bieten hat: Kräuter, Gewürze und Gemüse, Fleisch oder Fisch. Jeder darf mitkochen und neugierig zuschauen, wie es brodelt. Was am Schluss dabei herauskommt, ist ein einmalig köstliches Gericht – Saigon entdecken ist wie Feuertopf genießen. Zu scharf, zu heiß, zu viel oder zu wenig, zu laut oder zu leise. Falsch ist es nie – es ist nur eine Frage des Geschmacks.

Jeder wird schnell dahinterkommen, was für ihn das beste Rezept aus Faszination und Eindrücken ist, wenn die ersten Schritte gemacht sind. Dazu eignet sich ein Bummel durch den ersten Bezirk. Zwischen dem Saigon River im Osten und der Kathedrale Notre-Dame neben dem wunderbaren Hauptpostamt im Westen. Die Straßen in diesem Viertel sind rechtwinkelig angelegt und man braucht sich eigentlich nur die Richtung zu merken, aus der man gekommen ist. Die abwechselnde Szenerie zwischen den französischen Kolonialbauten, den modernen Glas- und Stahlgiganten und den schmalen vietnamesischen Bürgerhäusern gibt einen Eindruck,

1 Cyclo in der Rue Pasteur. **2** Handymanie auch im Café. **3** Stradivari? Am Altstadtmarkt ist alles möglich. **4** Alte Notre-Dame in moderner Gesellschaft.

1

2

3

wie sich die Stadt in den Jahrhunderten ihrer Geschichte immer wieder anderen Zeiten mit neuen Obrigkeiten angepasst hat, ohne die eigene Identität zu verleugnen. Das ist es wahrscheinlich, was diese Stadt mit ihren Menschen bei dem erneuten Aufbruch in eine neue Zeit so gelassen macht: Ihre Anpassungsfähigkeit mit einer einmaligen Mischung von eurasischem Charme. Miss Saigon, die legendäre Bezeichnung für die grazile Vietnamesin im seidigen Ao Dai, ist das lebendigste Symbol für diese Anziehungskraft. Sie steht in ihrer Anmut und Schönheit außer Konkurrenz und wird deswegen von Frauen ebenso bewundert wie von Männern angebetet. Denen bereitet sie allerdings eher Kopfschmerzen. Auch wenn sie nicht unnahbar ist, bleibt sie doch für die meisten unerreichbar. Diese Tragik ist in vielen Romanen ausführlich beschrieben. Ein Mann im Saigon von heute würde dieses literarische Leiden allerdings eher als wehmütigen Tatsachenbericht aufschreiben. Dann, wenn er an der Flaniermeile Dong Khoi so manches Ao-Dai-Mädchen vorbeischweben sieht.

4

5

6

1 Das schönste Postamt der Welt. **2** Poststempel aus Saigon, ein schönes Andenken. **3** Art-déco in Saigon, Dachterrasse vom »Majestic«. **4** Saigon will hoch hinaus. **5** Bad in der Stadt – der Pool des »Majestic«. **6** Frische Handtücher.

1

2

Ablenkung schafft nur ein starrer Blick in den Straßenverkehr. Der ist voll in der Hand von Zweiradlenkern. Besser gesagt von Einhandlenkern. Der Fahrer oder die Fahrerin hat fast immer etwas in einer Hand, was zusätzlich gehalten werden muss. Meistens ist es das Mobiltelefon, oft die rutschende Ladung, hin und wieder ein schicker Hut. Auf ein Moped passen locker zwei Passagiere, enger wird es bei dreien. Manchmal rücken aber auch fünfköpfige Familien zusammen, um mit ihren kleinen Zweitakt-Luftverpestern sitzend, stehend, hockend in das abendliche Getöse der Millionenstadt einzutauchen. Miss Saigon fährt als Sozia oft im Damensitz, manchmal sogar im Ao Dai und am liebsten in knallengen Jeans. Geschlechtsspezifische Unsicherheit beim Vespa-Corso ist bei den flotten Moto-Bienen allerdings nicht zu beobachten: Durch extrakessen Fahrstil haben sie sich schon lange Respekt erkämpft. Ihr Lächeln allerdings bleibt meistens verborgen, die elegante Vietnamesin ist lichtscheu. Bräune gilt als Armutszeugnis der Landbevölkerung – das kann keine Frau in der Großstadt gebrauchen, vornehme Blässe ist angesagt. Vor der Sonne schützt sie sich mit Handschuhen bis an die Ellbogen, flottem Hut und großem Mundschutz. Als Knautschzone ist das allerdings nicht geeignet, aber wozu auch? In der Stadt passieren erstaunlich wenig Unfälle. Bei einer Geschwindigkeit von 30 bis 40 Kilometern in der Stunde und strengstens beachteten Regeln. Regel eins: Es wird gefahren, wo Platz ist. Regel zwei: Der Stärkere hat Recht. Regel drei: Wer vorne ist, hat Vorfahrt. Wenn man das rücksichtsvoll beachtet, kommt man schnell hinter das Geheimnis der vietnamesischen Fortbewegung, und die kann nur von einem Ereignis vehement gebremst werden: Von einem ausländischen Fußgänger, der in diesem Gewühl vor Unsicherheit stehen bleibt. Das führt unvermeidlich zur Verwirrung auf den Straßen der Metropole. Saigon ist auf Bewegung, Mobilität und Vorankommen ausgerichtet.

Ordnung muss im Chaos herrschen und deswegen ist die Stadt auch in 19 Bezirke eingeteilt, fünf Landbezirke kommen dazu, alle sind nummeriert. Diese Nummern sind gut sichtbar an den Häusern angebracht, das gibt den »HCMC«-Novizen Mut für weitere Alleingänge. Zum Beispiel für einen Restaurantbesuch im »Quan An Ngon« im ersten Bezirk. 20 Köche, jeder ein Meister in einer vietnamesischen Spezialität, verwöhnen ihre Gäste auf vier Etagen.

4

5

1 Lausige Zeiten in der Altstadt. 2 Kein Reisebuch ohne dieses Bild – Kreisverkehr Nguyen Hue. 3 Hochglanzcyclo für die Glitzerstadt. 4 China-Schach am Straßenrand. 5 Der ganz normale Alltag.

Ein guter Ort, um die erste Begegnung mit Pho Bo, der klassischen Nudelsuppe, Frühlingsrollen und anderen Köstlichkeiten der vietnamesischen Küche zu wagen. Angebrütete Enteneier, gleich am Anfang der kulinarischen Expedition, müssen ja nicht sein.

Auch im ersten Bezirk, also Saigon, liegt der Wiedervereinigungspalast. Hier auf dem Balkon hat am 30. April 1975 ein nordvietnamesischer Soldat die Fahne des Vietcong aufgezogen – zum Zeichen des Sieges gegen die kapitalistische Supermacht Amerika, dem Land der unbegrenzten Möglichkeiten. Heute gilt die kommunistische Ho-Chi-Minh-City als »Stadt der unbegrenzten Möglichkeiten« mit den Milliarden-Dollar-Investitionen der einstigen Gegner und Klassenfeinde.

Kampf, Sieg und Kriegsleiden, ein Thema, an dem man in Vietnam kaum vorbeikommt – es sei denn, man will dieses Kapitel vietnamesischer Geschichte komplett ausklammern. Diskussionen darüber vermissen die Vietnamesen allerdings nicht, Fragen nach dem Krieg werden höflich, aber unemotional beantwortet. Klagen über die Vergangenheit gibt es nicht mehr – es war schlimm genug. Jetzt will das Volk neugierig nach vorne schauen. »Vor uns, da liegt die

1

2

3

1 Zu jeder Tageszeit – Räucherstäbchen für die Ahnen. **2** Ein Käfig voller Tempelspatzen. **3** Innenhof der Pagode Thien Hau – sie ist der Schutzgöttin der Fischer und Seeleute geweiht. **4** Tempel des Jadekaisers. **5** Der Mönch beruhigt das Todespferd mit seiner Klingel. **6** Beten für das Baby – das ist Tradition in Vietnam.

Zukunft, nur die können wir gestalten«, sagen die Älteren. Und die Jüngeren wollen teilhaben an der Glitzerwelt mit ihren Verlockungen, die sie bisher nur aus dem Fernsehen kennen. Immerhin sind ungefähr 40 Prozent der gesamten Bevölkerung in Vietnam unter 30 Jahre alt. Da wird man verstehen, dass die jungen Menschen oft amüsiert, aber meistens genervt sind, wenn mal wieder ein Tourist fragt: »Wo bitte geht's zum Krieg?«

In Ho-Chi-Minh-City gibt es mehrere Museen, die Einblick in den Vietnamkrieg geben. Das »Kriegsreste-Museum«, das früher »Museum der Kriegsverbrechen« hieß, befasst sich hauptsächlich mit dem »American War«, so wie der letzte Krieg von den Vietnamesen genannt wird. Vor dem Museum stehen Bomben, Hubschrauber und Flugzeuge. Innen wartet das Grauen: Fotos in Übergröße, die alle Besucher aus den Nachrichten kennen. Bilder, die man eigentlich loswerden wollte. Nach dem Besuch schleppt man

4

5

6

sie neu aufgefrischt im Kopf durch ein Land, das man im Frieden bereisen will. Manche Besucher verlassen das Museum mit Tränen in den Augen, andere brechen den Besuch schon in der großen Fotohalle ab. Für die Vietnamesen stehen diese Museen aber an erster Stelle – als Einnahmequelle. Das »Kriegsreste-Museum« ist das meistbesuchte der Stadt.

Friedlicher geht es im Kunstmuseum der Stadt zu. Nahezu wie eine Erholung von den Kriegsfotos wirken die heroischen Motive, mit denen hier die Kriegsszenerie in deftiger Politkunst ausgestellt wird. Dem kann man allerdings durch geordneten Rückzug in den zweiten Stock entfliehen. Dort stehen vergoldete Buddhas und einige Skulpturen der Cham. Sie gehören zu den besten des Landes. Der endgültige Rückweg aus den Museen in das pulsierende Leben ist zum Glück nicht lang. Die Straße Pho Duc Chinh führt direkt zum Haupteingang des Ben-Than-Marktes mit seinem gewaltigen Uhrturm, der eigentlich eine Bahnhofsfassade daraus macht. Aber sei's drum, nicht immer ist drin, was draufsteht – und was hier drin ist, dazu ist jede Beschreibung zu kurz. Es ist schlicht der lebendigste Umschlagplatz der Stadt, und das schon seit gut hundert Jahren. Wer sich allerdings nur unter dem schattigen Dach der ehemaligen »Halles Centrales« aufhalten will, dem entgeht einiges. Draußen auf dem vollgepackten Bürgersteigen kann man die witzigsten Händler treffen. Eigentlich dürfen Sie hier nicht sein, deswegen stehen sie unter kreativem Stress, schnell lassen sie sich Verkaufsargumente einfallen, bevor die Polizei sie mal wieder verscheucht.

Cholon, das klingt geheimnisvoll, rätselhaft, mystisch – und dieser Eindruck bleibt, auch wenn man irgendwann mal mitbekommt, dass der Name nur »Großer Markt« bedeutet. Das unergründliche chinesische Herz in der vietnamesischen City mit seinen schaurigen Legenden von Opium- und Lasterhöhlen schlägt für Besucher aus einer fremden Welt nicht so heftig und vital wie für sich selbst, aber das, was es von seinem pulsierenden Leben preisgibt, ist schon spannend genug.

Hier, im fünften Bezirk, nur sieben Kilometer vom Zentrum entfernt, scheint die Zeit stehen geblieben zu sein. Auf dem Binh-Tay-Markt unter dem gewaltigen Dach einer morbiden Markthalle findet man alles, was das asiatische Herz begehrt. Hier ist immer noch der traditionelle Handel das Zünglein an der Waage für Wohl-

Fortsetzung Seite 25

1

2

4

Märkte in Saigon

Nirgendwo in den Städten von Vietnam ist man den Menschen näher als auf ihren Märkten. Egal, ob es irgendein Dorfmarkt ist oder einer der beiden größten Märkte von Saigon: Der Ben-Thanh-Markt neben den Prachtstraßen der Stadt, oder der Binh-Tay-Markt im chinesischen Viertel. Dort spürt man die Herzen der Menschen höher schlagen. Der Handel an sich, der macht den Vietnamesen sowieso Spaß, aber was ihn manchmal noch wichtiger macht, das ist seine Bedeutung als Kommunikations- und Nachrichtenquelle ersten Ranges. Und dabei lässt sich auch niemand von Touristen stören – das Leben geht hier weiter wie es immer war. Lustig wird es, wenn man selber zur Nachricht wird: Eine »Langnase«, deren Benehmen oder Aussehen humorvoll kommentiert wird.

1 Harmonie der Religionen – Cholon. **2** Binh-Tay-Markt – die Chinatown in Saigon. **3** Ben-Than-Markt, Hauptportal. **4** Straße der Heilkräuter – Cholon. **5** Am besten schmeckt es, wo die Vietnamesen essen. **6** Hut tut gut – die Qual der Wahl.

3

6

1

2

3

4

1 In der Ruhe liegt die Kraft – Rushhour in Saigon. **2** Bloß keine Sonne an die Haut lassen – die feine Gesellschaft trägt weiß. **3** Fiffi muss mit – das Moped transportiert alles. **4** »Drive in« für Erdbeeren – mobiles Leben in Saigon. **5** Mittagspause für die Seele – Fitness-Villa L'Apothiquaire. **6** Poolleben im Häusermeer. **7** Die große Entspannung zwischen den Terminen.

stand und Fortschritt. Touristen kommen aus dem Staunen nicht heraus. All das, was sie garantiert auf einer Reise nicht brauchen, verlockt zum Kauf. Garküchen mit leckeren Suppen und köstlichen Reisgerichten verführen zu eklatanter Missachtung überlebenswichtiger Reiseratschläge von zu Hause: »Essen Sie nie auf Märkten, trinken Sie nie Säfte am Stand, und immer das Wasser abkochen.« Die einzige wirkliche Gefahr kommt allerdings von ganz woanders her: heimtückisch, leise, von unten. Es sind die kleinen Plastikstühlchen, die zögernd unter dem Gewicht europäischer Größen zusammensacken. Erst langsam, dann schneller, dann macht es knack. Das gibt viel Gelächter, eine frische Suppe von der kichernden Köchin und zwei neue Stühle. Die werden dann allerdings wegen der besseren Statik übereinandergestülpt.

Falls doch ein blauer Fleck entstanden sein sollte, keine Sorge. Gegenüber in den chinesischen Apotheken und Kräuterläden gibt es Salben, Tinkturen und geheimnisvolle Säfte gegen jedes Wehwehchen. Allein der wunderbare Anblick der farbigen Pflanzen, knorrigen Wurzeln und duftenden Pülverchen benebelt schon von Weitem die Sinne. Jedes noch so kleine Zipperlein kann hier behandelt werden. Alles wird vor den Augen der Kränkelnden frisch gerieben, gestößelt, gemixt. Triefende »Langnasen« werden dabei liebevoll beraten, Vertrauen schafft treue Kundschaft. Für Hypochonder gibt es eine Extraabteilung. Das sind die Läden mit eingelegten Fröschen, Kobras, Spinnen und Eidechsen. Ein heilsamer Anblick. Bleibt nur noch, die potenzfördernde Wirkung dieser animalischen Konzentrate auszuprobieren oder gleich zum chinesischen Arzt zu gehen. Allein seine Diagnosemethoden verblüffen, doch die Hintergründe überzeugen: »Der geschickte Arzt behandelt die Gesunden, der schlechte dagegen die Kranken«, heißt es bei den Chinesen. Die Qualität des Arztes wird an der Anzahl seiner gesunden Patienten bemessen, nicht am übervollen Wartezimmer wie bei uns. Die Bezahlung richtet sich nach dem Gesundheitszustand der Bevölkerung. Hat er nichts zu tun, verdient er am meisten. Kein Wunder, dass die sichere Diagnostik an erster Stelle seiner Kunst steht: Zungendiagnose, Geruchsdiagnose, Augendia-

1 Das Hotel Majestic im Abendlicht. **2** Die Lobby des »Majestic« – 100 Jahre Geschichte. **3** Das Park Hyatt Hotel – die »Nummer 1« in Saigon. **4** Ein toller Empfang im »Park Haytt«. **5** Küche mit Einblick, kochen bei den Gästen. **6** »Park Hyatt«, Zimmer mit Elegance.

gnose. Aus den Erkenntnissen schlägt der Arzt eine individuelle Behandlung vor. So mancher »Westling« hat eine Praxis im chinesischen Viertel schon äußerst sprachlos verlassen. Mit neuer Aufgeschlossenheit, das hilft, die Vietnamesen bei weiteren Ritualen für ihr Seelenheil zu verstehen.

Jung und Alt pflegen die liebevolle Verehrung ihrer Heiligen in wunderschönen Tempeln und Pagoden. Die Thien-Hau-Pagode für die chinesische Meeresgöttin in Cholon und der Tempel des Jadekaisers im Nordosten der Stadt gehören zu den schönsten Juwelen der Religionskultur in Saigon. Räucherstäbchen und das sanfte Bimmeln eines Glöckchens beruhigen nicht nur das Todespferd des Jadekaisers, sondern auch die eigenen Nerven. Denn in der Ruhe liegt die Kraft und deswegen ist es vielleicht gut, die aufkommende Nervosität, den Jetlag und die Hitzewallungen des abrupten Klimawechsels auch noch mit anderen Mitteln zu bekämpfen. Vielleicht mit einer der berühmten vietnamesischen Massagen. Da ist, von Kopf bis Fuß, für jeden etwas dabei. Nirgendwo ist das Angebot an seriösen Massagen so umfangreich wie im »sündigen Saigon«. Fußmassagen gibt es am Schuhputzstand, Kopfmassagen beim Friseur, Handmassagen bei der Maniküre. »Kneten« scheint Volkssport in Vietnam zu sein. Doch man sollte nicht zu übermütig werden in den ersten Tagen, Muskelkater können die Folge von kräftigen Massagen sein. Man begibt sich besser in die Hände von Fachmasseuren und Wellness-Spezialisten. Die großen Hotels wie »Park Hyatt«, »Majestic«, »Caravelle« oder »Rex« sind bestens ausgestattet. Sie bieten den erstklassigen Service auch für Nonresident-Gäste an. Geheimtipps, die an Eleganz, Komfort und Atmosphäre von keinem Hotel übertroffen werden, gibt es allerdings auch. Dort die Erlebnisse des Tages zu verarbeiten, gibt so manchem Kraft für eine aufregende Nacht.

4

5

6

Ho-Chi-Minh-City – Saigon, die Stadt der Gegensätze. Tagsüber fressen die gierigen Mäuler der Abrissbagger kränkelnde Kolonialbauten, nachts werden die restlichen Zeugen der Vergangenheit wie zur Entschuldigung in warmes Licht getaucht. Dazwischen versprühen blitzende Reklamewände ihren kapitalistischen Charme. Selbst das blaugrelle Neonlicht der kleinen Läden auf der Le Loi, zwischen Opernplatz und Ben-Than-Markt, stimmt freundlich. Daraus ergibt sich ein positives Stimmungspolster gegen die Daueranmache der »Hey-Mister-Verkäufer«. Es gibt leider kein Rezept gegen sie. Und wenn man nicht unbedingt »Im Krebsgang« von Grass, original raubkopiert für zwei Dollar, haben muss, einfach weitergehen. Am Ende der Prachtmeile, am Hauptportal des Ben-Than-Marktes, wartet Rettung. Der Cyclofahrer, der schützend eingreift, hat rein zufällig Zeit, um auf dem eigentlich kurzen Weg zum Hotel auch den Rest der Stadt zu zeigen. Auch dagegen gibt es kein Rezept. Man muss sich einfach damit abfinden, dass er dringend Geld braucht. Das ist wiederum die Chance, ihn zu retten. Feiern Sie das im neuen »Park Hyatt« am Lam Son Square, das ist die feinste Adresse im Herzen von Saigon. Die riesige Lobby hat trotz ihrer Größe eine freundliche, fast kuschelige Atmosphäre, ein Weltstadtflair der charmantesten Art mit dem besten Kaffee und Kuchen der Stadt. Hier geht der glanzvolle Name Saigon leichter über die Lippen als in so manchem staatlichen Hotel.

Etwa 200 Meter weiter, im ehrwürdigen »Continental«, kann man einen schönen Abend auf der Terrasse verbringen, auf der Graham Greene seinen Roman »Der stille Amerikaner« schrieb. Von hier geht der Blick zur Oper, zur Prachtstraße Le Loi und zum neuen »Caravelle«, das an das alte Hotel angebaut wurde. Der alte Teil schmiegt sich fast unsichtbar an das moderne Gebäude an, so als würde er Schutz suchen vor der neuen Zeit. Damals war dieses Haus die »Number one« für Kriegsberichterstatter aus aller Welt, heute ist es Geschichte. Auf der Terrasse der »Saigon Bar« im 10. Stock wurde »Krieg geguckt«, und so mancher Reporter hat seine Storys über die anrückenden Vietcong hier verfasst. Mit Scotch

oder Brandy, Rotwein oder Bier in der Hand, je nach Nationalität. Heute gibt es immer noch einiges zu berichten von dieser Terrasse: Sie hat den schönsten Ausblick auf die nächtliche Stadt. Der Dachgarten des »Rex« hat eine ähnliche Geschichte. Hier war das Informationszentrum der amerikanischen Presseoffiziere. Heute lauscht man Livemusik mit Blick auf den meistfotografierten Kreisverkehr der Welt. Kein Magazin, kein Buch über Vietnam kommt ohne dieses Foto aus. Das »Majestic«, einst das eleganteste Hotel von Saigon, bietet den schönsten Blick auf den breiten Saigon River. Mit dem Sundowner in der Hand sieht man die mit Lampions

1 »Continental«, das älteste Hotel Saigons. **2** Kinderspielplatz Lobby, Hotel Caravelle. **3** Disneyland in Saigon, Hotel Caravelle. **4** Miss Saigon lädt ein. **5** »Quan An Ngon«, die beste Garküche Saigons. **6** Team Exotissimo Saigon: Pantanida Jantsakool, Richard Craik, Olivier Colomès.

geschmückten Dinner-Dschunken langsam vorbeiziehen. Ein guter Platz, um in Ruhe seinen Gedanken nachzuhängen, denn hier braust der Verkehrslärm nur von einer Seite heran, flüsternd zieht er mit dem langen, ruhigen Fluss aus der Stadt davon. Irgendwo im Meer lädt er ihn ab, zusammen mit den schlechten Geschichten des Tages. So wie ein Fluss ist das Leben, sagen die Vietnamesen, die Quelle bringt ständig frisches Leben – und dafür machen sie sich täglich fit.

Das kann man jeden Morgen beobachten. Ab Sonnenaufgang gibt es kein Halten mehr. Im Van-Hoa-Park hinter dem Wiedervereinigungspalast, an Straßenrändern, am Flussufer, überall dasselbe Ritual: Mit traditionellem Tai-Chi, asiatischer Meditation und westlichem Joggen bringen sie Körper und Seele in Einklang. So machen sie sich stark gegen den Stress der Großstadt und für neue Herausforderungen.

Ho-Chi-Minh-City – Alter Glanz mit neuem Namen

Sehenswürdigkeiten
Wiedervereinigungspalast, Kriegsreste-Museum, Nationales Kunstmuseum, Ben-Thanh-Markt, Cholon, Binh-Tay-Markt, Thien-Hau-Pagode, Tempel des Jadekaisers.

Übernachten
Park Hyatt Saigon, 2 Lam Son Square, Tel: 0084-8 82 41 234, E-Mail: saigon.park@hyattintl.com, www.saigon.park.hyatt.com. Das Park Hyatt ist das gemütlichste Hotel im Zentrum von Saigon.
Majestic Hotel, 1 Dong Khoi St., Tel: 0084-8 82 95 517, E-Mail: majestic@majesticsaigon.com.vn www.majesticsaigon.com.vn.
Ein schönes Hotel mit Kolonialfassade und eleganter Lobby.
Hotel Continental, 132–134 Dong Khoi St., Im Conti schrieb Graham Greene seinen Roman: »Der stille Amerikaner«. Das Hotel und der Roman sind bis heute ein Welterfolg. Tel: 0084-8 82 99 201, E-Mail: continental@hcm.vnn.vn, www.continental-saigon.com.vn.
Hotel Caravelle, 19 Lam Son Square, Tel: 0084-8 82 34 999, E-Mail: hotel@caravellehotel.vnn.vn, www.caravellehotel.com
Rex Hotel, 141 Nguyen Hue Blvd, Tel: 0084-8 82 92 185 oder: 0084-8 82 93 115, E-Mail: rexhotel@hcm.vnn.vn, www.rexhotelvietnam.com

Essen und Trinken
Für einen Sundowner empfiehlt sich die Bar des *Majestic Hotels*. – In der riesigen Lobby des *Park Hyatt* gibt es den besten Kaffee und Kuchen.

Besonders zu empfehlen
Spaziergang durch das koloniale Saigon über die Dong Khoi
Fitness für die Seele, La Maison de L'Apothiquaire, 64A Truong Dinh St., Tel: 0084-8 93 25 181, www.lapothiquaire.com
Fitness für die Kamera: Bester Kameramechaniker Vietnams. Herr Anh Tuan, 11 Le Cong Kieu St., Tel.: 0084-8 295 888, E-Mail: phamthe11@hcm.vnn.vn

Auskunft
Exotissimo Travel Vietnam Co Ltd, Saigon Finance Center 9 Dinh Tien Hoang, District 1, *Ho-Chi-Minh-City*
Tel: 0084 8 825 17 23-283
E-Mail: pantanida@exotissimo.com,
Website: www.exotissimo.com

Asia Explore, 87 Nghia Thuc St., Tel: 0084-8 21 23 133 oder: 92 42 092, E-Mail: asia-explore@vnn.vn, www.asia-explore.vn

1

2

3

4

Cao Dai, Versuch einer Weltreligion

Tay Ninh – Ort der Religionen

»Wegen der Vielfalt der Religionen kann es keine wahre Harmonie auf dieser Welt geben – nur ein Zusammenschluss wird die Menschheit zur ursprünglichen Einheit zurückführen.«

Diese Worte verkündete in den 1920er Jahren ein vietnamesischer Beamter der französischen Kolonialverwaltung. Der etwa 40-jährige Ngo Van Chieu hatte in mehreren Trancesitzungen beeindruckende Erscheinungen des höchsten Wesens Cao Dai erlebt – und immerhin schon 247 Anhänger, die seiner Offenbarung lauschten. Danach fühlte er sich berufen, die Lehren westlicher und östlicher Religionsstifter zu verbinden, um sie mit einem universellen Gott zu einer Weltreligion unter einem Dach zu vereinen – angefangen bei Konfuzius, Buddha, Jesus Christus und endend bei Mohammed.

Schon 1933 wurde der größte Cao-Dai-Tempel aus privaten Spenden der immer schneller wachsenden Sekte Cao Dai in Tay Ninh erbaut. Hier ist noch heute das Hauptquartier des Caodaismus. Die Hierarchie des Cao Dai gleicht in etwa dem römischen Katholizismus. Papst, Kardinäle, Bischöfe und Priester finden sich am Heiligen Stuhl in der Heiligen Stadt ein, die am Rande von Tay Ninh liegt. Es ist fast ein Mini-Vatikan, der nach den gleichen Regeln wie das Vorbild funktionieren soll. Der »Job« des Papstes ist allerdings im Moment vakant; nur einmal gab es einen caodaistischen Papst. Nach Buddhismus und Katholizismus ist der Caodaismus die drittgrößte Religion Vietnams.

In den USA, Europa und Australien soll es ungefähr 30 000 Caodaisten geben. Grundfesten des Glaubens sind die Wiedergeburt, Alkoholverbot, Selbstlosigkeit, Gewaltlosigkeit. Nächstenliebe und Armut gelten als moralische Verpflichtung.

Als ungefragte Ehrenmitglieder wurden so illustre Namen wie Victor Hugo, die Jungfrau von Orleans und Isaac Newton als »hohe Geister« in die Sekte eingegliedert. Mit ihnen kann über spezielle Botschaften auf Abruf kommuniziert werden. Damit soll die wertvolle Bedeutung ihrer Lehren für die Menschheit zugänglich bleiben. Der ehemalige Beamte und Religionsgründer Ngo Van Chieu hatte sehr bald nicht nur einen guten Draht zu den guten Geistern und seinem lieben Gott, sondern auch zu der französischen Kolonialregierung. Schon 1926 erhielt die neue Religion offizielle Anerken-

1 und **3** Warten auf den Ansturm der Touristen, Nonnen und Hohepriester. **2** Das göttliche Auge sieht alles. **4** Der blaue Stuhl der Cao Dai, Zentrum der Religion.

1 Mit großem Respekt vor dem göttlichen Auge. **2** und **3** Zwölf-Uhr-Messe, die Priester und Nonnen bei der Andacht. **4** Barfuß in den Tempel – der heilige Marmorboden darf nicht mit Schuhen betreten werden.

nung. Sie entwickelte sich mit hohem politischem Potenzial. In den 1950er Jahren schützten sich die Caodaisten mit einer 50 000 Mann starken Privatarmee. »Die Lehre des Moses ist die Knospe, die Lehre Christi ist die Blüte, der Caodaismus ist die Frucht«.

Die Kommunisten sahen das anders und schlossen 1975 die Tempel. Die Priester schickten sie zur Umerziehung. Seit 1990 hat sich die traditionell verankerte Religionstoleranz in Vietnam wieder durchgesetzt, die Tempel sind für jedermann offen. So predigen sie wieder Weisheit, Toleranz und Menschlichkeit im Sinne von Konfuzius, Buddha, Jesus Christus und Mohammed. Aber diesen Zusammenschluss aus der Vielfalt der Religionen über einen universellen Gott in menschlicher Form wie ganz zu Beginn verkünden sie nicht mehr. Das erzeugte zu viel Unruhe. In einer letzten Offenbarung bot sich eine Lösung für dieses weltliche Problem an: Das Höchste Wesen erschien nur noch als göttliches Licht und das ist jetzt als »Himmlisches Auge« mit einem immer verfolgenden Blick auf einer glitzernden Weltkugel installiert. Man spürt: Dieses magische Auge sieht wirklich alles.

Manche Besucher fühlen sich allerdings nicht sehr wohl in der Nähe dieser Kugel. Auch wenn sie zum Glück im Halbdunkel an der Stirnseite des Tempels steht: Der strenge Blick mahnt gnadenlos. Hier bleiben die Kameras auch wirklich in den Taschen stecken, die Schuhe, so wie es sich in der Cao-Dai-Kirche gehört, ganz sicher ausgezogen. Bei der Mittagsmesse ist dann alles entspannter.

Diese farbenprächtige Prozession, jeden Tag Punkt zwölf Uhr, zieht viele Besucher an. Meistens kommen sie aus der 90 Kilometer entfernten Ho-Chi-Minh-City nach Tay Ninh in das obere Mekongdelta, nur 26 Kilometer von der kambodschanischen Grenze entfernt. Oft ist es eine mühsame Fahrt von mindestens drei Stunden. Daher lohnt es sich, diese Fahrt mit einem Besuch der Tunnel von Cu Chi zu verbinden. Das wird dann allerdings ein schaurig-schöner Morgen, nicht nur wegen des Kontrastprogramms Krieg und Religion, sondern wegen der Weckzeit. Abfahrt in Ho-Chi-Minh-City ist um fünf Uhr morgens. Aber es lohnt sich. Der Andrang vor dem Cao-Dai-Tempel ist sehr groß und wer nicht rechtzeitig kommt, muss nach Beginn der Messe draußen bleiben. Begeisterte Fotografen werden das nicht verschmerzen. Andächtig beginnt die Prozession mit dem Einmarsch der Kirchgänger in drei Reihen. Die Männer treten gemessenen Schrittes auf der rechten Seite und in der Mitte des Tempels ein. Die Frauen gehen zur linken Seite. Dann knien alle nieder und verbeugen sich dreimal. Ein Farbenmeer aus Gewändern ergießt sich über die glänzenden Fußbodenkacheln der riesigen Kirche. Rot für den Konfuzianismus, safrangelb für den Buddhismus und blau für den daoistischen Glauben. Weiß gilt als Symbol der Reinheit, es darf von jedem getragen werden.

Tay Ninh – Ort der Religionen

Sehenswürdigkeiten
Besuch des Zwölf-Uhr-Gottesdienstes der *Cao-Dai-Sekte* in Tay Ninh. – Falls man sich für die Tunnelsysteme des Vietcong interessiert, sollte man die Fahrt mit einem Rundgang in *Cu Chi* verbinden, es liegt auf halbem Weg zwischen Saigon und Tay Ninh.

Übernachten
Tay Ninh ist eine Tagestour von Saigon aus. Siehe Seite 29.

Essen und Trinken
In der Nähe des Tempels gibt es keine Empfehlungen. Auf dem Weg zwischen *Cu Chi* und *Tay Ninh* befinden sich allerdings kleine typische Restaurants, die man ohne weiteres besuchen kann, obwohl sie an einer der großen Touristenrouten liegen.

4

Besonders zu empfehlen
Der Tempel ist eines der beliebtesten Fotomotive in ganz Vietnam. So etwas spricht sich natürlich herum. Die Hobbyfotografen sollten frühzeitig vor Ort sein. Die diskretesten Plätze sind auf der Balustrade neben den Novizenräumen, links und rechts auf der Empore. Stativ nicht vergessen – und bitte nicht blitzen. Die ungewohnte bunte und helle Atmosphäre in dieser Kirche lässt schnell vergessen, dass man Gast einer religiösen Prozession ist.

Auskunft
Asia Explorer, 87 Nghia Thuc St., Tel: 0084-8 21 23 133 oder: 92 42 092, Fax: 0084-8 92 42 093,
E-Mail: asia-explore@vnn.vn,
www.asia-explorer.com.vn

Exotissimo Travel Vietnam Co Ltd, Saigon Finance Center
9 Dinh Tien Hoang, District 1, *Ho-Chi-Minh-City*
Tel: 0084 8 825 17 23-283
E-Mail: pantanida@exotissimo.com,
www.exotissimo.com

Cai Rang, hier schwimmt alles, Häuser, Gemüse, Melonen.

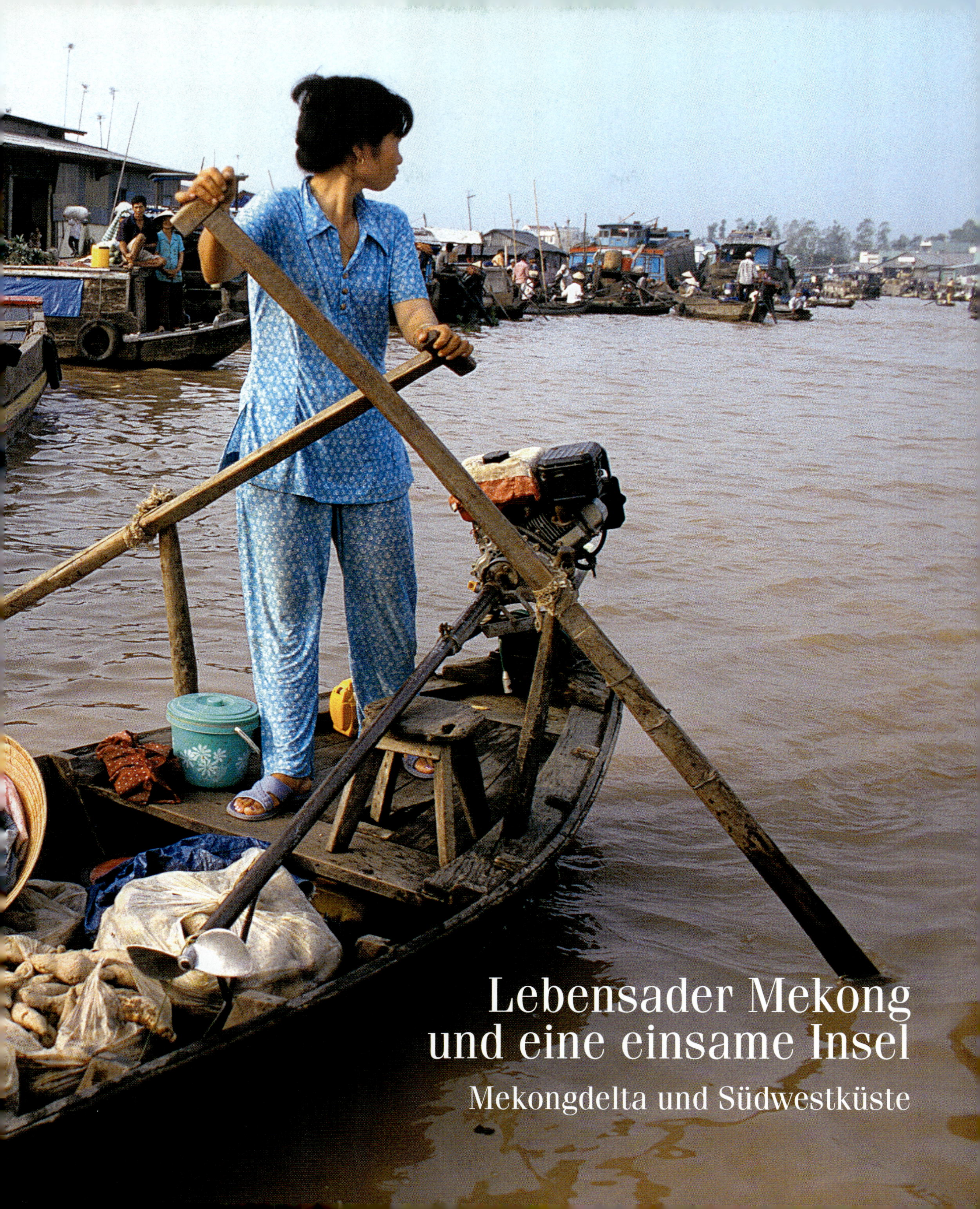

Lebensader Mekong und eine einsame Insel

Mekongdelta und Südwestküste

»Die Mutter aller Wasser«

Lebensader Mekong

»Wenn du Wasser trinkst, dann musst du an die Quelle denken«, sagt ein vietnamesisches Sprichwort. Das leuchtet den meisten Menschen ein, doch niemand wusste, wo sie ist, die Quelle des Mekong.

Bis in die 1990er Jahre war das eines der letzten Rätsel dieser Erde. Inzwischen weiß man: »Die Mutter aller Wasser« entspringt in der tibetanischen Hochebene auf dem geheimnisvollen Dach der Welt in Tibet. Wenn das braune Wasser des Mekong seine Mündung unterhalb von Saigon im Chinesischen Meer erreicht und sich im Delta ausbreitet wie ein gigantischer Fächer, dann hat es schon fünf Länder durchquert: China, Myanmar (Burma), Laos, Thailand und Kambodscha – und rund 4800 Kilometer zurückgelegt.

Das kostbare Nass bringt seit Generationen Wohlstand, aber auch schwere Arbeit für die Reisbauern im Mekongdelta. Sie müssen den wertvollen Schlamm, den der Fluss auf seiner langen Reise aufspült und mit sich heranschleppt, gleichmäßig auf ihre Felder verteilen. Dazu sind die neun Mündungsarme des Mekong durch Tausende Kanäle und natürliche Flussläufe über das gesamte Delta miteinander verbunden. Doch eigentlich sind es nur acht natürliche Zuflüsse. Auch hier musste der Mensch korrigierend eingreifen: Weil die Acht eine Unglückszahl ist, haben die findigen Vietnamesen einfach einen Verbindungskanal dazugezählt. Aus acht wurden neun Zuflüsse gemacht und damit – Bingo – die Glückszahl für ein zufriedenes Leben erreicht.

Das feuchte Geflecht versorgt eine Fläche von etwa 40 000 Quadratkilometern. Damit ist das ertragreichste Anbaugebiet Vietnams etwa so groß wie die Schweiz. Nur hier kann der kostbare Reis dreimal im Jahr geerntet werden.

Wer das Mekongdelta in seinem Ursprung erleben will, der sollte sich genügend Zeit nehmen für einen Besuch in dieser südlichsten Region des Landes. Dann kommt man auch mit den Menschen ins Gespräch – und das ist in Vietnam immer wieder ein besonderes Erlebnis. Offen und ehrlich erzählen sie von ihren alltäglichen Sorgen und Problemen, die, näher betrachtet, so unbekannt gar nicht sind. Mit ausländischen Besuchern reden sie gerne über Kinder, Schule und Ausbildung. Auch wenn sie selber gelernt haben, mit

1 Baguette in Vietnam – knuspriger geht es nicht. **2** Käpt'n Bassac und sein Steuermann. **3** Jung und Alt – auf einer Entenfarm in Chau Doc. **4** Netze hoch für den Schiffsverkehr.

2

3

dem harten Leben im Delta umzugehen, wünschen sie doch, dass ihre Kinder mehr Chancen für die Zukunft haben als nur Reis zu ernten. Denn hinter der folkloristischen Idylle aus spitzen Hüten, glitzernden Reisfeldern und vollen Obstkörben steckt ein verdammt hartes Dasein.

Ihr freundliches Gemüt mit herzlicher Gastfreundschaft lässt das auf den ersten Blick nicht vermuten. Lächelnd erklären sie das so: »Fröhlichkeit, das ist bei uns der Ausgleich für die harte Arbeit. Jammern und Klagen macht das Leben nur noch schwerer als ein krummer Rücken vom Reisfeld. Das innere Leben, Gefühle und Gedanken, das ist doch viel mehr, das können wir trotzdem genießen.«

Äußeres Glück und Wohlstand, dass messen die stolzen und selbstbewussten Reisbauern immer noch an der Menge Reis, die ihnen für das Essen und zum Handeln zur Verfügung steht. Ein bisschen Glück in der Gestalt der strahlenden, weißen Reiskörner, das wartet immer auf sie – auch in den dunklen Zeiten.

Und das soll so bleiben, deswegen stellen sie sich auch besonders gut mit ihren Ahnen, Vätern und Urvätern. Sie werden in kleinen Tempeln mitten in den fruchtbaren Reisfeldern beigesetzt, ein gutes Omen für die Zukunft, und – von dort können sie mit ihren Nachfahren Kontakt aufnehmen. In versunkener Andacht knien die Männer und Frauen des Mekongdeltas manchmal sehr lange vor ihren Toten im Reisfeld. Dann zählen sie ihre Räucherstäbchen ab und achten darauf, dass sich eine ungerade Anzahl ergibt. Ein Stäbchen symbolisiert die Einheit des Ganzen, drei Stäbchen sind gut gegen Probleme aller Art. Sieben Stäbchen gehören den wandernden Seelen – bei denen suchen sie dann Kraft durch Antworten aus der Vergangenheit für ihre eigene Zukunft.

Und wie die Zukunft für sie sein wird, das können sich die Menschen im traditionsreichen Delta nicht so einfach vorstellen. Die Älteren sagen besorgt: »Wenn die Kinder in die Stadt ziehen – dann kommt das Elend.« Und die Kinder des Mekong sagen: »Wir möchten nicht im Schlamm wühlen wie unsere Eltern und Großeltern.« Dabei denken sie gerne an das Leben in der nahen Ho-Chi-Minh-City. Dort wollen sie lieber Computershops eröffnen oder Restaurants oder irgendwelche anderen Träume leben, die sie ihren Idolen im Fernsehen abgeschaut haben. Die meisten scheitern. Und die, die Anschluss bekommen, zergehen vor Sehnsucht nach ihrer Heimat.

Der Fluss, das Delta, diese mystische Wasserwelt hat das Leben der fröhlichen und gelassenen Menschen mehr geprägt als sie wissen

5

6

1 Die wendige Prinzessin und die gemütliche Reisbarke. **2** Frühstück im Mekong. **3** Flagge hoch, die »Bassac« kommt. **4** Kuschelkoje auf dem Mekong. **5** und **6** Hochzeit am Wegesrand.

oder zugeben wollen. Und wenn sie sich mit neuen Lebensentwürfen außerhalb des Mekongdeltas befassen, bauen sie gerne in ihre Vorstellungen von einem modernen Leben eine Rückfahrkarte ein, denn mit dem Wasser des Mekong konnten sie alles an sich vorbeifließen lassen, was ihre Tradition und ihr tägliches Leben gefährdete. Das gehört zu ihrer Lebensphilosophie – und die darf nicht aus dem Gleichgewicht geraten.

»Hier muss das Paradies gewesen sein«, sagen manche Besucher, die einmal auf diesem weitverzweigten Netz von Flüssen und Kanälen unterwegs waren und den Reichtum an Fischen, Früchten und Gemüse gesehen haben. »Hier ist das Paradies«, antworten die Südvietnamesen vom Mekong dann selbstbewusst, machen aber gleichzeitig deutlich, dass auch im Delta die Zeit nicht stehen bleiben wird. Einige von ihnen haben sich den neuen Bedürfnissen der boomenden Marktwirtschaft und den immer größer werdenden Ansprüchen der Hotels und Restaurants schon angepasst. Die cleveren Geschäftsleute, Gemüsebauern und Fischzüchter wollen lernen, mit dem Tourismus umzugehen, sie wollen wissen, wie sie ihre kostbaren Fische, Früchte und Gemüse schneller und vor allem frisch, wie sie es gewohnt sind, auf die nimmersatten Märkte der explodierenden Metropole Ho-Chi-Minh-City bringen können. Um dieses alltägliche Leben zwischen Wasser und Wald, Wildnis und Stadt kennenzulernen und besser verstehen zu können, lohnt sich als Erstes ein Besuch in der Haupt- und Universitätsstadt Can Tho. Aber leider führen nicht viele Wege nach Can Tho und vor

1 Mutprobe am Mekong – Überqueren einer Bambusbrücke. **2** Reispapierfabrik für Frühlingsrollen. **3** Der Kanal ist voll – Sampan-Rushhour am Mekong. **4** Am Tag als der Regen kam – Flut auf der Hauptstraße in Can Tho.

allen Dingen dauert es lange. Die Nationalstraße A1 ist die viel befahrene Direktverbindung von Saigon in das Mekongdelta. Auch wenn es nur ungefähr 200 Kilometer sind, muss man mit mindestens fünf Stunden Autofahrt rechnen.

Das Abenteuer Mekong beginnt in Ho-Chi-Minh-City. Dort startet man frühmorgens. Und obwohl man aus der Stadt herausfährt, bleibt man voll drin in einem unglaublichen Gewühl, das sich auch hier Rushhour nennt, aber mit dem, was andere Menschen darunter verstehen, nicht das Geringste zu tun hat.

Man sollte es gleichmütig nehmen wie die Vietnamesen, dann ist auch besser zu verstehen, warum Fremde in Vietnam nicht Auto fahren dürfen. Die Durchquerung Saigons ist einfach die Stufe eins des Abenteuers Mekong und gehört dazu. Später auf der langen Fahrt kann man sich an der Schönheit der Landschaft erfreuen und an den kleinen Geschichten, die am Wegesrand passieren. Irgendwas ist immer los, vorne in der ersten Reihe der langen Straße. Es lohnt sich anzuhalten, um bei einer Hochzeit vorbeizuschauen oder eine einzelne Zigarette bei einer Frau mit Bauchladen zu kaufen.

Sollte allerdings ein verkappter Formel-1-Aspirant hinter dem Steuer sitzen, kann es ungemütlich werden. Verhandlungen über eine sanftere Fahrweise ist er nur kurzfristig zugänglich. Zum Glück wird er aber bald ausgebremst durch die Fähre über den Mekong-Nebenarm Hau. Da gibt es längere Wartezeiten, es ist die einzige Verbindung für Autos nach Can Tho.

Dort an der Markthalle, direkt am Mekong, wartet eine wunderbare Holzbarke, die »Bassac«, für einen Ausflug mit Übernachtung auf dem Mekong. Auf dem Schiff gibt es zwölf gemütliche Kabinen, ein herrliches Sonnendeck und ein Restaurant.

Und auf dem Hauptdeck werden ausgesuchte Köstlichkeiten des Mekong serviert. In der Nacht ankert die »Bassac« auf dem Fluss: Der Traum am Mekong hat begonnen.

Lebensader Mekong

Sehenswürdigkeiten
Fahrt von Saigon in das Mekongdelta mit dem Auto, mit interessanten Einblicken in das tägliche Leben am Rande der Straße. Ankunft am Bootssteg der alten Markthalle aus der Kolonialzeit, in der Haupt- und Universitätsstadt *Can Tho*.

Übernachten
In der Kabine einer wunderbaren Holzbarke mit dem Namen *Bassac*. Ein liebevoll renoviertes Reisschiff aus dem Mekongdelta. Auf dem Schiff gibt es zwölf gemütliche Kabinen, ein herrliches Sonnendeck und ein Restaurant.
Wer lieber an Land schläft, für den ist das *Victoria Hotel* im Kolonialstil genau richtig: *Victoria Hotel*, Cai Khe Ward, *Can Tho*. Tel: 0084-71 810 111, www.victoriahotels-asia.com

4

Essen und Trinken
Das Restaurant auf der *Bassac* serviert exzellente Köstlichkeiten aus dem Mekong und seinem Delta. Die Weinkarte kann sich sehen lassen, sie bietet eine hervorragende Auswahl an französischen Weinen.

Besonders zu empfehlen
Die Ausflüge erfolgen mit dem Beiboot der *Bassac* zu den kleinen Dörfern an den Ufern des Mekong. Hier kann man zuschauen, wie Reispapier gemacht wird, wo die vietnamesische Grapefruit wächst und wie Puffreis hergestellt wird.

Auskunft
Transmekong, 97/10 Ngô Quyên, *Can Tho*.
Tel: 0084-91 313 6024,
E-Mail: benoit@transmekong.com,
www.benoit.transmekong.com

Exotissimo Travel Vietnam Co Ltd, Saigon Finance Center
9 Dinh Tien Hoang, District 1, *Ho-Chi-Minh-City*
Tel: 0084 8 825 17 23-283
E-Mail: pantanida@exotissimo.com,
www.exotissimo.com

1

2

3

4

Frühstück bei einer Prinzessin

Flussfahrt mit Bett im Labyrinth der neun Drachen

Von neun Drachen, einem gemütlichen Reisschiff, zirpenden Zikaden, einer wunderschönen Prinzessin, einer geheimnisvollen Villa, einem Fisch mit Elefantenohren, einem Hoteldirektor, der weiß, was piept, und einem Markt, der schwimmt.

Qiu Niu liebt Musik, Ya Zi ist wankelmütig. Chao Feng mag das Risiko, Pu Lao brüllt. San Mi spielt mit dem Feuer. Ba Xia liebt schöne Worte – Fu Xi Literatur. Bi An erkennt Gut und Böse und Chi Wen ist der härteste von den neun Drachen, er verschlingt alles, was ihm in den Weg kommt.

Die Vietnamesen im Delta kennen die Gewohnheiten ihrer Drachengestalten sehr genau, denn von allen Anrainern des Mekong zwischen China und Kambodscha haben sie in der Ebene am meisten Ärger mit den Launen der neun Ungeheuer. Chao Feng und Chi Wen, die beiden Action-Drachen, langweilen sich oft, dann machen sie irgendeinen Blödsinn und schon treten die Wasser des Mekong über die Ufer. Die Drachen freuen sich diebisch und die Bauern haben dann den Salat: Die Reisschüssel Vietnams läuft voll, das Wasser schwemmt die kostbaren Setzlinge aus dem Boden. Die Ernte fällt aus und die Buckelei geht von vorne los. Trotzdem sagen die Bauern: »Nur wer sich den neun Drachen anvertraut, der kann in Ruhe mit dem gefährlichen Mekong leben.« Dafür tun die Vietnamesen viele liebevolle Dinge, die ganz einfach auch in das tägliche Miteinander der Menschen übertragbar sind. Blumen und Räucherstäbchen sind die üblichen Klassiker für die erste Besänftigung bei herannahenden Konflikten mit den Fabelwesen. Auch für Fremde ist diese Mythologie einfach zu verstehen. Die Drachen haben so viele menschliche Wesenszüge, dass alles vergleichbar mit dem ganz normalen Leben ist. Egal ob die Menschen aus dem Osten oder dem Westen kommen – und so soll es auch sein.

Wenn aus der Unendlichkeit der Reisfelder die Umrisse von Can Tho, der Provinzhauptstadt, sichtbar werden, beginnt für die Reisenden nach der langen Fahrt von Saigon der normale Alltag am Mekong. Der erste Blick auf das geschäftige Leben in dieser Stadt nimmt zwar schnell die Illusion von einem geheimnisvollen Ort im tropischen Dschungel, trotzdem fesselt der Charme dieser lebhaften Stadt sehr schnell. Can Tho mit seinen 300 000 Einwohnern ist die größte Stadt im Delta und Kreuzungspunkt aller Wasser- und

1 und **3** Morgenstund' hat Obst im Mund – Frühstück auf der »Cai Be Princess«, Can Tho. **2** Hier wohnte ein Obstbaron, Can Tho. **4** Victoria Hotel in Can Tho, kolonialer Glanz am Mekong.

1 Flussfahrt mit einer Prinzessin – »Cai Be Princess«. **2** Frühstück im Morgengrauen, auf der »Cai Be Princess«. **3** und **4** Die Obstbaronin am Mekong. **5** Empfangskomitee der »Prinzessin«. **6** Pack an, Steuermann, Manöver im Mekong.

Landwege. An seiner Promenade am Flussufer, die nach den heldenhaften Schwestern Hai Ba Trung benannt ist, spielt sich das Leben ab. Unter Palmen und auf gepflegtem Rasen gibt es nette Gartencafés und offene Restaurants mit einem herrlichen Blick auf den Mekong, am Zusammenfluss von Can Tho und Hau Giang. Artig buhlen die Gastwirte um die Gunst der Kunden, Schlepper nerven hier nicht. Das hat wohl seinen Grund: »Onkel Ho« wacht direkt neben ihnen mit strengem Blick. Als übergroße Silberstatue erinnert er die lebenslustigen Südvietnamesen lautlos mit einem milden Lächeln an die kommunistische Regierung in Hanoi, und die hat nun mal, auch im Süden, das Sagen.

Die Abteilung »Volkskommitee« in Can Tho ist da nicht so zimperlich. Für die tägliche Auffrischung ihrer Ideologien legt sie andere Platten auf: Ab fünf Uhr morgens dröhnen die Lautsprecher ihren Propagandasong für die aufgeweckten Südländer. Ungewöhnlich für das Vietnam von heute, aber hier hat es einen besonderen Hintergrund: Die eigensinnigen und stolzen Mekongbewohner haben nach der Befreiung Saigons ihre Stadt als Allerletzte den neuen Machthabern aus dem Norden übergeben.

Am Ende der Promenade steht ein restauriertes Marktgebäude aus der französischen Kolonialzeit. Fast unauffällig verbirgt sich in der Halle auf der offenen Seite zum Mekong die Anlegestelle für

5

6

4

ein dunkelbraunes Holzschiff, die »Bassac«. Der Franzose Ben hat sich mit diesem originellen Kreuzfahrtschiff einen Lebenstraum verwirklicht. Bassac, das ist der französische Name für den *Haut River*, den oberen Fluss, und da soll sein Schiff lange fahren. Auf den alten hölzernen Rumpf eines traditionellen Reiskahns hat er auf dem Hauptdeck sechs Doppelkabinen mit gemütlichen Betten und niedlichen Badezimmern eingebaut; auf dem oberen Deck ein schickes Restaurant und darüber auf dem Steuerdeck eine Sonnenterrasse.

Mit dem renovierten Boot fährt jetzt der Geist des Flusslebens im Mekongdelta weiter, hofft Ben, auch wenn immer mehr moderne und vor allem schnelle Schiffe die Waren auf dem Wasser transportieren. Ein Jahr haben die Umbauten an der »Bassac« im Chai Village gedauert, einem traditionellen Bootsbauerdorf, wie es sie nur am Mekong gibt. Jetzt kann man als Passagier auf dem Oberdeck den eigenen Lebensträumen nachhängen und überlegen, was aus ihnen in vielen Jahren geworden ist. Der Bug der »Bassac« schiebt sich dabei gemächlich, aber bestimmt durch das braune Wasser des Mekong. Der freundliche Ruf der Besatzung zu einem erfrischenden Drink auf dem Kapitänsdeck stellt die Realität wieder her – und so grausam ist sie bei diesen Erlebnissen wirklich nicht. Vietnam und seine Landschaften wirken auf viele Menschen mit einer unbeschreiblichen positiven Kraft. Wenn Wasser dazukommt, wird es nahezu mystisch. Die köstlichen Spezialitäten des Mekong, vom Schiffskoch ohne Schnickschnack liebevoll zubereitet, tragen den weltlichen Teil zu diesem Wohlbefinden bei. Auf der Fahrt nach

Cai Be, einer kleinen Stadt im oberen Delta, lohnen sich kleine Ausflüge mit dem Beiboot der »Bassac«, zu sehen gibt es viel. Am Ufer sind kleine Familienbetriebe für Ziegel- und Lehmtopfherstellung angesiedelt, Obst- und Gemüsegärten, Fisch- und Shrimpsfarmen. Für manche nachdenkliche Genießer ist das wohl nicht der richtige Moment für einen Ausflug, sie bleiben an Deck und genießen den Liegestuhl.

Zivilisationsmüde Gelegenheitsabenteurer lieben es umso mehr, durch dichten, dampfenden Dschungel zu gehen. Vielleicht um zu lernen, wie man eine *pomelo*, eine grapefruitartige Frucht öffnet oder wie Reispapier hergestellt wird. Ein Teil der Crew kümmert sich dabei auch an Land ganz rührend um die Gäste. Am Abend ankert der ehemalige Reiskahn mit den Luxusbetten vor dem kleinen Ort Tra On. Dann beginnt die Nacht auf dem Mekong – und die ergreift mit einem grauen Lichtschleier und einer betörenden Melodie unmissverständlich jeden. Erst stimmen die Zikaden ihr blechernes Lied an. Dann krähen die Vögel, die Enten schnattern und die Frösche quaken. Erst mit einem fröhlichen Hallo, dann mit einem rauschenden Crescendo, das seinen Höhepunkt erreicht, bevor sich die allerletzten Strahlen der Abendsonne in Sicherheit bringen. Eine Nacht auf dem Mekong beginnt. Und sie endet abrupt durch erschreckende Stille. Stille, die plötzlich so unheimlich wird, dass an ein gemütliches Umdrehen in der kuscheligen Koje kaum zu denken ist. Doch bald ist die Sonne wieder Herrin der Lage. Der Tag beginnt, die »Bassac« hievt den Anker. Volle Kraft voraus und rein in das Getümmel der großen belebten Wasserstraßen, auf denen nichts mehr von verträumten Buchten und tanzenden Schmetterlingen zu sehen ist. Hier schäumt das Leben von der Gischt der Frachtschiffe, Speed- und Ruderboote. Melonen, Kohlrabi, Gurken, Tomaten und Zwiebeln, immer wieder Boote mit Zwiebeln überholen die gemächliche »Bassac«. Sie haben es eilig, auf den schwimmenden Markt von Cai Be zu kommen. Keuchend muss der alte Reiskahn in diesem Pulk mithalten, die »Prinzessin« wartet und das gilt auch in Vietnam: Eine Dame darf man nicht warten lassen.

Als die »Cai Be Princess« dann endlich längsseits kommt und mit einem freundlichen Stubser an die alten Planken der »Bassac« stößt, hat sie gleich alle Herzen gewonnen. Sie ist ein wunderschöner Sampan, ein Wohnboot aus schwarzem Ebenholz mit goldenen Verzierungen. Edel, schlank und wendig, mit einem Hauch von kolonialistischer Dekadenz. Wenn man ihre Schönheit als Gesamtkunstwerk betrachtet, fällt das allerdings nicht auf. Eher die weichen Liegepolster, in denen man seelig versinkt. Dieser Sampan ist das ideale Schiffchen, um durch den kleinen Markt von Cai Be und

1 bis **3** »Le Longainier«, das Spitzenrestaurant im Mekongdelta.
4 Elefantenohrenfisch, die Delikatesse aus den Tiefen des Mekong.
5 und **6** »Lau«, ein nationales Ereignis: Feuertopf mit Fischen Meeresfrüchten und Gemüse, am Tisch geköchelt.

durch enge Seitenkanäle zu gleiten, vorbei an Fischernetzen und unter tief hängenden Bambusbrücken hindurch. Die reichen Obst- und Gemüsebarone hatten Privatzufahrten zu ihren versteckten Villen im Dschungel. Eine von ihnen ist heute ein wundervolles Restaurant, das »Le Longanier de Phu An«, nur ein Boot wie die »Prinzessin« kommt da heran. Es ist umgeben von Pomelo-, Longan-, Mango-, Kokosnuss- und Bananenbäumen. Das Restaurant ist mit antiken Möbeln aus den 1930er Jahren ausgestattet. Man staunt schon andächtig über diesen gediegenen Luxus mitten im Mekongdelta. Doch wenn man weiß, dass das Delta erst unter der Anleitung der französischen »colons« Mitte des 19. Jahrhunderts unter großen Entbehrungen urbar gemacht wurde, dann kann man gut verstehen, dass die Franzosen einen Teil ihrer Lebenskultur aus der Heimat mit in den Dschungel genommen haben.

Eine elegante vietnamesische Dame im »Ao Dai« empfängt die Gäste im tropischen Vorgarten des zweistöckigen Hauses. Ein Rundgang überzeugt: Hier lässt es sich leben. Unter den sanft drehenden Ventilatoren der Terrasse, mit einem kühlen Drink in der Hand, sinniert man über das letzte Geheimnis des Tages: über den Fisch mit den großen Ohren.

Der Elefantenohrenfisch gilt als die köstliche Spezialität des Deltas. Er wird als ganzer Fisch, aufrecht stehend in einem Bambusgestell, serviert. Man nimmt sich Reispapier, legt darauf etwas Reis, Gemüse und knusprige Stücke vom Fisch. Das wird zu einer Rolle

2

1 und **3** Tropische Atmosphäre und kolonialer Charme Victoria-Hotel in Can Tho. **2** De-luxe-Zimmer mit Blick zum Mekong. **4** Direktor mit deutschem Stammbaum – Hanno Stamm und sein Topteam.

gewickelt und in wunderbare Saucen gedippt. So steht's jedenfalls in der Speisekarte. Allerdings ist das nicht ganz einfach, aber Hilfe ist nahe. Man muss nur in die Richtung schauen, aus der das leise Kichern kommt, dort stehen edle »Prinzessinen« und helfen gerne. Das macht ihre Gäste zu wahren Königinnen und Königen.
Doch irgendwann mahnt die Besatzung der »Cai Be Princess« zum Aufbruch. Das Delta ist groß und die Fahrt nach Vinh Long geht stromaufwärts. Dort werden die sanft schaukelnden Planken des Sampans mit dem rüttelnden Blechboden eines Toyota-Landcruiser vertauscht. Es geht zurück nach Can Tho auf dem Landweg, man tauscht Kajüte und Koje gegen Komfort und Klimaanlage ein. Das Victoria-Hotel in Can Tho, in der Mitte des Mekongdelta, bietet alles, was man noch gar nicht so dringend vermisst. Aber dennoch überzeugt die gemütliche Atmosphäre und es gibt wunderbare Plätze in dem Hotelpark, wo man in Ruhe das Zwitschern der bunten Vögel genießen kann. Hoteldirektor Hanno Stamm kommt

3

gerne vorbei und erklärt, wer da piept. Der Deutsche und sein englischer Freund Richard Craik sind international anerkannte Vogelspezialisten für die über 850 Arten in Vietnam. In den 15 Vogelreservaten Vietnams kennen sie sich bestens aus. Seit einiger Zeit organisieren sie unter der Führung von Richard Ausflüge in die Reservate. Eine ganz neue Idee, die sehr gut ankommt und einen intensiven Kontakt zu der wunderbaren Natur in Vietnam verschafft. Am nächsten Morgen, kurz vor sechs Uhr, wenn die Sonne den ersten Versuch macht, die braunen Wellen des Mekong aufblitzen zu lassen, ist ein anderer Ausflug angesagt: ein Besuch auf dem schwimmenden Markt von Cai Rang. Nirgendwo kann man das tägliche Leben am Mekong ursprünglicher beobachten als hier. Alles wird auf dem Wasser geregelt, von Boot zu Boot, von Mensch zu Mensch – und das immer unter den Augen der guten Geister. Kein Schiff, kein Boot, kein Sampan fährt ohne den dämonischen Blick der rot-weißen Augen am Bug. Nur sie können das mächtige Wasser des Mekong beschwören. Ohne diese Augen würde kein Kohlrabi zum Markt kommen, kein Kind zur Schule fahren und kein Tourist den schönsten Markt des Mekongdeltas besuchen.

Im Labyrith der neun Drachen

Sehenswürdigkeiten
Die schwimmenden Märkte von Cai Be und Cai Rang. Ziegel- und Lehmtopfherstellung in der Umgebung von Can Tho. Die Uferpromenade mit netten Gartencafés und der riesigen Ho Chi Minh Statue, der Palmenallee und der kleinen Altstadt am Ufer des Mekong.

Übernachten
Bassac, Transmekong, 97/10 Ngo Quyen, *Can Tho*.
Tel: 0084-91 313 6024, Email: benoit@transmekong.com,
http://benoit.transmekong.com
Victoria Hotel, Cai Khe Ward, *Can Tho*. Tel: 0084-71 810 111,
www.victoriahotels-asia.com

4

Essen und Trinken
Le Longanier, Restaurant, Mekong Horizon,
Tel: 0084-73 924 658, Email: mekonghorizon@yahoo.com
Markthalle Can Tho, Fischspezialitäten aus dem Mekong,
E-Mail: benoit@transmekong.com

Besonders zu empfehlen
Bootsfahrten durch die kleinen Kanäle und Nebenarme des Mekong mit den typischen Sampans. Vogelbeobachtungen mit den Spezialisten Richard Craik und Hanno Stamm, vom frühen Morgen bis zur Abenddämmerung. In Vietnam wurden etwa 850 Vogelarten nachgewiesen, davon 5 Arten, die auf der ganzen Welt nur im Süden Vietnams vorkommen.
E-Mail: richard@vietnambirding.com,
www.vietnambirding.com

Auskunft
Cai Be Princess, Mekong Horizon, Head Office, 49 Hamlet 5, Phu An. Tel: 0084-73 924 658,
E-Mail: mekonghorizon@yahoo.com

Exotissimo Travel Vietnam Co Ltd, Saigon Finance Center
9 Dinh Tien Hoang, District 1, *Ho-Chi-Minh-City*
Tel: 0084 8 825 17 23-283
E-Mail: pantanida@exotissimo.com,
www.exotissimo.com

1

2

3

4

Fischzucht im Wohnzimmer

Die schwimmenden Häuser von Chau Doc

Von einem heiligen Berg, abstürzenden Vögeln, dem Paradies auf dem Markt, einem geheimnisvollen Mann, einer vermummten Gestalt, einem Meer aus Blumen und einem Reservat für Mücken, Vögel und liegende Beobachter.

Der heilige Berg ruft – und viele gehen zu ihm. Morgens gegen fünf Uhr vor dem ersten Hahnenschrei, wenn die Sonne noch nicht einmal blinzelt. Dann ist die schmale Straße zum Gipfel schon voller Menschen. Wer hier mit dem Auto hochfährt, bekommt zwar keinen Muskelkater, aber angesichts der sportlichen Vietnamesen mindestens ein schlechtes Gewissen. Manche beginnen den Tag mit Tai-Chi, andere nutzen die frühe Stunde für ein Gebet. Dem Nui Sam, dem heiligen Berg, kurz vor dem Ort Chau Doc, sind alle willkommen.

Von seinem Gipfel, der eigentlich keiner ist, sondern ein breites Plateau in 230 Meter Höhe, öffnet sich die flache Landschaft wie von keinem anderen Ort des Mekongdeltas aus. Von hier oben gesehen spiegeln sich die nassen Reisfelder in den ersten Sonnenstrahlen und lassen sie wie Diamanten aufblitzen. Nicht zufällig kommt man zu diesem Vergleich. Es sind die wahren Kostbarkeiten der Natur, die zur Erinnerung an ihre Verletzbarkeit ein paar Lichtzeichen an die Menschen geben. Die scheinen zu verstehen. Sie verharren schweigend in diesen Minuten zwischen Nacht und Tag. Selbst der Hahn kräht nicht, keine Kamera klickt. Dann steigt der zarte Frühnebel zu den Wolken auf, die Sonne streichelt die Frühsportler und der Hahn holt kräftig Luft. Endlich, mit stolzgeschwellter Brust, darf er sein Kikeriki in den jungen Morgen schreien. Der Horizont malt eine scharfe Grenzlinie zwischen Himmel und Erde, so als hätte er etwas zu verbergen, und das mag wohl stimmen. Denn hinter dem Horizont, da geht es weiter, tief in die Geschichte Vietnams hinein. Im Nordwesten liegt das Nachbarland Kambodscha. Da schauen die Vietnamesen zwar wieder hin, aber sie blicken nicht gerne zurück. Jahrelang kam von dort das Unheil der Roten Khmer. Immer wieder tyrannisierten Pol Pots Garden die Bauern in Grenznähe. 1978 wehrten sich die Vietnamesen erfolgreich, seitdem herrscht Ruhe im Land.

Im Südwesten liegt der Golf von Thailand, manchmal kann man die Insel Phu Quoc sehen, behaupten die Vietnamesen voller Besitzer-

1 Ein Grab im Reisfeld, Chau Doc. **2** Mekong in zarter Hand. **3** Auf dem heiligen Samberg: »Da hinten liegt Kambodscha.« **4** Blick vom Victoria Chau Doc, geradeaus nach Phnom Penh, links nach Ha Tien.

1 und **3** Familienangelegenheit: schwimmende Fischzucht in Chau Doc. **2** Der Vogelpark von Tra Su. **4** und **5** Vorher, nachher. Die köstliche Delikatesse Pangasiusfisch. **6** Reisbauer unter Zuckerpalmen, bei Chau Doc.

stolz, auch wenn die Insel etwa 120 Kilometer entfernt ist. »Die Insel gehörte mal zu Kambodscha«, sagt ein freundlicher Frühsportler, »aber das ist lange her, deswegen wird man sich ja wohl nicht schon wieder streiten.«

Im Südosten ahnt man Can Tho, die Stadt des letzten Aufenthalts. Direkt vom Fuße des Nui Sam führt eine schnurgerade Straße fünf Kilometer in Richtung Nordosten nach Chau Doc. Der Blick vom Berg mit seinem grandiosen Überblick verschafft einem zum ersten Mal eine Größenvorstellung von dem Gebiet, in dem man sich bewegt. Und die Vorstellungen über das Zusammenspiel von Wasser und Land bekommen eine neue, klare Dimension.

Der Weg zurück nach Chau Doc ist dabei die kleinste Maßeinheit. Am unteren Teil der Straße kann man sich noch eine gute Tat gönnen. Vor der Tay-An-Pagode darf man für ein paar Dong einen »Glücksvogel« aus seinem engen Bambuskäfig freilassen und sich etwas dabei wünschen. Die kleinen Pechvögel sind aber leider manchmal derart entkräftet, dass das Lösegeld für ihre Geiselhaft zu spät kommt. Nach einer kräftezehrenden Steilkurve rauschen

sie in einem unkontrollierten Landeanflug ins Spatzennirwana. Ein schöneres Bild gibt es ein paar Kilometer weiter: Vor lauter Farben scheint der kleine Markt von Chau Doc aus allen Nähten zu platzen. Blumen, Früchte und Fische, so weit das Auge reicht. Freundliche Marktfrauen erklären geduldig die Namen der Schätze

6

aus ihrem Mekongdelta. Es ist ein so reichhaltiges Angebot auf diesem Markt, dass man sich bald bei einem Gedanken ertappt, von dem man nicht so schnell loskommt: Hier muss das Paradies gewesen sein. Der Garten Eden, der immer so beschrieben wird. Dieser Gedanke scheint Realität zu werden auf diesem Markt.

Gegenüber vom Markt ist die große Uferpromenade. Modern renoviert mit hübsch-hässlichen Neonkandelabern ist sie der Treffpunkt von Jung und Alt, niemand lässt sich hier von neugierigen Fremden stören, ganz im Gegenteil. Ein freundlicher »Hello«-Austausch macht gute Laune. Von hier aus gehen Privatboote in alle Winkel des oberen Mekong. Wen es nicht stört, auf Fischernetzen mit garantiert frischen Schuppen zu sitzen, der hat bei kurzen Fahrten sicher seinen Spaß. Einen Ausflug mit dem Speedboot nach Kambodscha sollte man allerdings im Victoria-Hotel buchen. Das liegt am Ende der Promenade und hängt mit einem Teil seiner Terrasse, dem River-View-Room, schon fast im Mekong. Hier zu frühstücken ist ein ganz besonderes Erlebnis. Der Blick zwischen frischem Orangensaft, herrlichen Croissants und knusprigem Baguette, von dem die Franzsosen sagen, es sei besser als in Frankreich, geht geradeaus nach Kambodscha, links zu den Fischerbooten nach Can Tho und halb rechts zu den schwimmenden Häusern – ein riesiger Vorort, der auf leeren Blechfässern im Mekong schwimmt.

Hier züchten Familien mitten im Wohnzimmer ihres Hausbootes seit Generationen einen köstlichen Edelfisch, den Pangasius. Ein Leben, ein Job, der sich komplett auf den kantigen, schaukelnden

1

2

Pontons abspielt. Der Gemeinschaftsraum mit Kochstelle und Essecke hat in der Mitte ein großes Loch, das nach unten zur Strömung des Mekong hin mit Netzen verschlossen ist. Das Wasser rauscht durch, der kostbare Fisch bleibt da. Von oben kann der Fisch ständig überwacht und mit Reismehl oder Bananen gefüttert werden. Über schmale Planken geht es von diesem zentralen Raum weiter zu den anderen Häusern der Fischzucht: Alles ist mit dicken Tauen miteinander verbunden. So hat die Familie mit ihren drei Kindern eine ständige Kontrolle über ihre Spezialität, den wertvollen Pangasiusfisch, eine Welsart, die es hauptsächlich im Mekong gibt. Nach acht Monaten wiegt er gute zwei Kilogramm, dann ist er reif für die große finale Reise. Nicht nur Saigon und die Luxusrestaurants stehen dabei auf dem Fahrplan, inzwischen schmeckt er der ganzen Welt. Der Pangasius ist zum vietnamesischen Exportschlager geworden.

Nach diesem letzten Ausflug in die schaukelnde Wasserwelt will man wieder festen Boden unter den Füßen haben, irgendwo an den Ufern des Mekong. Das Angebot für schöne Ausflüge ist allerdings uferlos, aber Mr. Man hat eine Idee. Der elegante Mann mit dem strengen Blick ist der Generalmanager im Team des Victoria-Hotels. Ein Mann mit Geheimnissen und gleichzeitig voller Faszination. Der Vietnamese parliert in perfektem Französisch, smaltalkt in amerikanischem Englisch und lacht herzhaft in seiner Muttersprache. Ein Mann mit Vergangenheit. Mal war er bei den Amerikanern in »leitender Position«, dann Chef der Air France in Saigon. Er kennt das wechselvolle Leben in Vietnam wie kaum ein anderer. Jetzt verwöhnt er die Gäste in dem Hotel und kümmert sich liebevoll und väterlich-autoritär um sein junges Team: »Das sind alle Kinder des Mekong«, sagt er dann mit einem warmen Ton in der Stimme, »sie sind auch die Zukunft des Mekong, ich tue alles für ihre Ausbildung.« Man glaubt Mr. Man. Vielleicht trägt der Tourismus ja doch Früchte für alle. Seine Ansichten kommen jedenfalls gut an und auch die Vorschläge, die er für die Landpartie macht: Blumendorf Sa Dec, Vogelreservat Tra Su.

Ein »Kind des Mekong« hält pünktlich morgens um acht Uhr vor dem Hotel. In einem alten amerikanischen Militärjeep. Der Fahrer heißt Tri. Der 21-Jährige weiß genau, wo es langgeht, nach Sa Dec und in das Vogelreservat. Aber er weiß auch, wie er dahin kommt, wo er hin will: selbstständig sein, unabhängig sein, Entscheidungen selber treffen für sich und in der Zukunft auch für eine Familie – das ist sein Ziel: vom Touristenfahrer zum Millionär. Ein amerikanischer Traum im vietnamesischen Mekongdelta. Tri hat schon angefangen, ihn zu leben. Vor einiger Zeit hat er vom Victoria-Hotel einen original amerikanischen Militärjeep gekauft, den Kriegsschrott liebevoll restauriert, jetzt fährt er damit Touristen durch seine Heimat, das Mekongdelta. Auf eigene Rechnung. Nur den Kredit vom Hotel muss er noch abbezahlen. Hat er kein Problem damit, in einem »Kriegsgerät« zu sitzen, mit dem vielleicht viel Unheil angerichtet wurde? »Oh Mann!«, strahlt er dabei bis über beide Ohren, »der Krieg ist vorbei, wir wollen die Zukunft leben und nicht die

1 Fräulein Tran Cam Tu und das Team vom Victoria Hotel Chau Doc. **2** Anmut auf der Monkeybridge. **3** Hausbesuch bei Muttern – der Apothekerin Frau Ngoc. **4** Eine Schönheit vom Mekong. **5** Wer steckt dahinter? – das schöne Mädchen von der Rezeption.

Vergangenheit.« Dann gibt er Gas in seinem Ami-Jeep und erzählt: »Manchmal fragen mich Touristen: Hey Mister Tri, wo bitte geht's zum Krieg?«

Ein zweites »Kind des Mekong« sitzt hinten im Jeep und schläft. Völlig vermummt hat diese zierliche Person freundlich gefragt, ob sie mitfahren darf nach Sa Dec, in das Blumendorf. Das ist ihr Zuhause, sie möchte ihre Mutter besuchen. Kein Problem, aber mit den zurückgelegten Kilometern wächst auch die Neugierde auf diese Person, vor allem weil die Schlafende bei jedem Schlagloch näher rutscht. Hallo, wer steckt denn da? Sie heißt Lam, ist 20 Jahre alt. Nach dem Entfernen von Mundschutz und Sonnenbrille kann man auch endlich sehen, wer sie ist: Lam ist die Rezeptionistin aus

Ist hier das Paradies?

Der Markt von Chau Doc ist nicht enger als die anderen Märkte in Vietnam, er ist nur so überladen mit allen Köstlichkeiten von Obst, Gemüse und Fisch, dass kaum noch Platz ist zum Durchkommen. Und trotzdem sind hier die Marktfrauen zu den Besuchern noch ein bisschen freundlicher als anderswo. Das liegt wohl daran, dass sie sehr stolz sind auf ihre appetitlichen, duftenden und wohlschmeckenden Waren. Sie lassen gerne probieren und manche von ihnen können mit vielen unverständlichen, aber wohlklingenden Worten und bildhaften Gesten erklären, wie was wächst.
Über Preise sollte man aber unter keinen Umständen sprechen. Man würde hier niemals verstehen, was ein Europäer in einem Delikatessengschäft für eine Mango zahlen muss.

Paradiesische Zustände: Obst und Fisch auf dem bunten Markt von Chau Doc.

1 Hier schwimmt der Pool im Mekong – die Terrasse vom Victoria Hotel, Chau Doc. **2** Frischegarantie für Fische aus dem Mekong. **3** Wie ein Kreuzfahrtschiff – das Victoria Hotel, die Perle im Mekong. **4** Am Ufer des Mekong – Frühstück bei Sonnenaufgang. **5** Das Stadttor von Rach Gia, quirlige Stadt am Golf von Thailand.

dem Victoria-Hotel. Ihr Englisch ist sehr gut, deswegen hat sie auch dort die Aufgabe, den ersten Kontakt zu den neuen, internationalen Gästen zu knüpfen. Freundlich fragt sie ihre Gäste nach Gewohnheiten und Sitten in ihren Ländern. Die freuen sich über ihr Interesse. Inzwischen weiß sie sehr viel über die Menschen, die bei ihr ein- und ausgehen. Bald will sie nach Amerika. Studieren, Sprachen lernen. Ihre Mutter hat Angst, dass Lam den Anschluss an ihre Heimat verliert. Soll sie doch lieber die Apotheke der Mutter übernehmen, mit einem netten Mann eine Familie gründen und ihre Kinder am Mekong bekommen. Lam lächelt dabei, denn sie weiß, dass sie ganz sicher zurückkommen wird – dann, wenn sie ihre Erfahrungen in anderen Ländern selber machen konnte.

Wenn man ihr Heimatdorf Sa Dec gesehen hat, glaubt man das ohne weiteres. Das wunderbare Blumendorf ist ein Meer aus Farben: Selbst Menschen ohne »grünen Daumen« geraten hier in Verzückung. Zu gerne möchte man Sträuße binden lassen, Topfblumen mitschleppen, am liebsten den ganzen Jeep vollladen. Tri hat Bedenken wegen der Hitze und Lam weist cool auf die schönen Blumensträuße im Hotel hin. Ihre Mutter lacht und lädt zum Essen ein.

Links Mangroven, rechts versumpfte Gebiete. In der Mitte viele Vögel. Hier, wo es moderig riecht und Moskitos die weißhäutigen Ziele anpeilen, liegt man schweigend, aber glücklich stundenlang in den Booten und genießt den Flug der Vögel. Mit detektivischem Eifer und, wenn man will, unter professioneller Führung eines Ornithologen wie Hanno Stamm oder Richard Craik rudert man als Birdwatcher in kleinen Kanus aus Aluminium durch den Tra-Su-Nationalpark im Mekongdelta. Mit Fernglas, Fotoapparat und Notizblock bekommt man schnell Übung, um die Vögel im Dickicht der Mangrovenwälder zu entdecken und zu bestimmen. Das bringt Anerkennung von den Fachornithologen.

Über sie erfährt man dann auch andere Geheimnisse der sensiblen Natur. Niemand weiß so gut wie sie, wie bedroht diese letzten Bastionen einer tropischen Urlandschaft sind.

4

Mekongdelta und Chau Doc

Sehenswürdigkeiten
Der Spaziergang zum heiligen Berg *Nui Sam* in aller Herrgottsfrühe, mit dem Blick nach Kambodscha. – Die *Tay-An-Pagode* und die Glücksvögel, der paradiesische Markt in *Chau Doc* und die Uferpromenade.

Übernachten
Victoria Hotel Chau Doc, 32 Le Loi St., Tel: 0084-76 865 010, Fax: 0084-76 865 020,
E-Mail: gm.cantho@victoriahotels-asia.com,
www.victoriahotels-asia.com

Essen und Trinken
Die schönsten Garküchen findet man um den Markt herum, an der Straße *Le Cong Than*. Hier hängen, liegen und brutzeln alle Köstlichkeiten des Mekong. Ein Fall für neugierige Genießer.
Das *Bassac Restaurant* im *Victoria Hotel* serviert fantasievolle Gerichte aus Kompositionen der westlichen und asiatischen Küche.

5

Besonders zu empfehlen
Die schwimmenden Häuser von *Chau Doc* und die Fischzucht im Wohnzimmer.
Das Blumendorf *Sa Dec* und das Vogelreservat *Tra Su*.
Die Terrasse vom *Victoria Hotel*, Chau Doc mit dem *River-View-Room*, er hängt halb im Mekong.
Eine Speedbootfahrt von der Anliegestelle des *Victoria Hotels*, Chau Doc nach Phnom Penh, Kambodscha. Die Fahrt dauert etwa vier Stunden und findet täglich statt.

Auskunft
Speedboot Kambodscha, *Victoria Hotel Chau Doc*,
32 Le Loi St., Tel: 0084-76 865 010, Fax: 0084-76 865 020,
E-Mail: gm.cantho@victoriahotels-asia.com,
www.victoriahotels-asia.com

Exotissimo Travel Vietnam Co Ltd, Saigon Finance Center
9 Dinh Tien Hoang, District 1, *Ho-Chi-Minh-City*
Tel 0084 8 825 17 23-283
E-Mail: pantanida@exotissimo.com,
www.exotissimo.com

1

2

3

4

Ausspannen an weißen Stränden

Phu Quoc – ein Inselparadies im Golf von Thailand

Saigon, Märkte, Mekong, heilige Messe. Wer sich nach den aufregenden Eindrücken in Ho-Chi-Minh-City eine Ruhepause gönnen möchte, der findet dies auf Phu Quoc – Sonne, Strand und Seelenruhe.

Hat sich der Pilot mit seiner wunderbaren, sonor brummenden Propellermaschine verflogen? Ist es nur ein Traum, oder liegt da wirklich unter der rechten Tragfläche eine einsame Insel im kristallklaren Wasser? Beim Blick aus dem Kabinenfenster schmerzen einem fast die Augen von den Kontrasten zwischen weißem Strand und blauem Himmel. Doch es stimmt: Hier liegt Phu Quoc, die Karibik lässt grüßen.

Schon der kleine Flughafen sieht nach Erholung aus. Keine »Hey-Mister-Rufe« nerven mit Sonderangeboten. Freundliche Insulaner bieten ihre Hotels und Pensionen zurückhaltend an. Die angenehme Brise schaufelt kühle Meeresluft zwischen Haut und Stoff. Wenigstens für ein paar Tage kann man sich von den klebrigen Hemden und der feuchten Luft im Delta erholen.

Auf der Westseite der Insel im »Cassia-Cottage« am weißen Ba-Keo-Strand wartet der »Zimtkönig von Yen Bai« auf seine Gäste. So wird der Amerikaner Mark Barnett respektvoll von seinen Freunden genannt. Er ist bereits seit 16 Jahren Gewürzhändler in Vietnam. Mark erntet Pfeffer auf Phu Quoc, seine Spezialität ist allerdings der Anbau von Cassia, also Zimt, im Distrikt Yen Bai, im schwer zugänglichen hohen Norden. Seine gemütlichen Bungalows auf Phu Quoc nennt er deshalb »Cassia Cottage«, Zimt-Häuschen. Wann immer es seine Zeit zulässt, kümmert er sich mit seinem vietnamesischen Team selber um die Gäste. Seine Sundowner sind köstlich und der Weg bis zum Meer beträgt gerade mal 50 Meter zwischen Kokospalmen und Swimmingpool.

Dort wartet man mit dem Glas in der Hand auf den Sonnenuntergang. Ein abendliches Ritual, von dem selber die alteingesessenen Insulaner nicht loskommen, denn nirgendwo in Vietnam kann man den Sonnenuntergang am Strand eindrucksvoller erleben als auf dieser Insel. Das hat nicht nur etwas mit dem lockeren Barcardi-Feeling zu tun, sondern es hat auch einen ganz einfachen Grund: Die Strände liegen genau quer nach Westen. Diejenigen auf dem Festland richten sich dagegen alle nach Osten aus. Deswegen ist

1 Lucky-Man, der glückliche Fischer von Phu Quoc. **2** Familienbad, der Waserfall in der Mitte der Insel. **3** Mittagsbuffet am Palmenstrand. **4** Kokospalmen und Korallenriff auf der Pfefferinsel.

1 Hausstrand am Zimt-Häuschen »Cassia Cottage«. 2 Tropischer Garten und Palmendorf am Meeresstrand. 3 »Cassia Cottage«: Ein Zimmer mit Blick auf den Pool und zum Meer. 4 Kleine Fische aus dem Netz am Strand von Phu Quoc. 5 Große Fische auf der Fischfarm in Ganh Dau, im Norden der Insel.

dort der Sonnenaufgang der Tipp für Romantiker. Der neue Tag beginnt, es riecht nach Abenteuer. Eine Insel, das weiß man doch, muss erst einmal entdeckt werden. Aber womit? Soll man es wagen, ohne *xe om* einen Motorroller zu steuern? Ein Versuch lohnt sich. *Xe om* heißt »umarmen«, in diesem Fall, den Fahrer des Mopeds. Und den muss man natürlich dafür bezahlen. Also, einmal solo bitte! Die Straßen sind gut, die Mopeds sind mit Automatik ausgestattet und es macht einen riesigen Spaß. Die Vorderbremse sollte man allerdings nie benutzen – vor allem nicht im Notfall! In Panik blockiert man die Bremse, was unangenehm werden kann, aber auch geübten Fahrern passiert das. Ein kleiner Trick hilft dagegen: Wenn man ein Tüchlein um den Bremshebel wickelt, hat das

4

5

Signalwirkung, so vermeidet man den möglichen Fehlgriff. Die Vietnamesen kennen das Problem natürlich auch, aber sie lösen es einfacher: Sie legen die Vorderbremse ganz lahm.

»Go south easy rider« – Wie auch immer die Fahrt beginnt: Mit der südlichen Richtung liegt man zunächst einmal richtig. Die rötliche Sandstraße führt an herrlichen, einsamen Stränden entlang. Am Ende befindet sich der kleine sehenswerte Fischerort An Thoi. Hier lohnt es sich länger zu bleiben. Die dort vorgelagerten An-Thoi-Inseln gehören zu den schönsten Tauch- und Schnorchelrevieren Vietnams.

Von der Nordspitze der Insel, die übrigens in deutscher Sprache »schönes Land« heißt, kann man von der hügeligen Landschaft bei klarem Wetter bis nach Kambodscha sehen. Hier befindet sich auch der Nationalpark der Insel. Auf dem Rückweg zur Westküste, bei Khu Tuong, sollte man einmal dahin fahren, wo der Pfeffer wächst. Die Pfefferplantagen sind einfach zu erkennen. An langen Stäben ranken sich die grünen Pflanzen bis zu drei Meter in die Höhe empor. Die Plantagenbesitzer sind freundlich und ihre Geschichten zum Pfeffer spannend und informativ.

Ladys and Gentleman: »start your engine«. Wer bis jetzt die Vorderbremse noch nicht unkontrolliert benutzt hat, freut sich auf die letzte Etappe mit dem Moped auf dieser Gute-Laune-Insel. Es geht wieder westwärts zu den Traumstränden – der Sonnenuntergang lädt ein. Auf dem Weg liegen kleine Fischerdörfer und auch die nette Hauptstadt Duong Dong.

Um die zu finden, braucht man allerdings weder Karte noch Kompass. Wenn Napoleon behauptet hat, er könne seine Insel Korsika mit verbundenen Augen an dem Duft ihrer Kräuter erkennen, dann trifft Ähnliches auch für die Hauptstadt von Phu Quoc zu. Aber mit Verlaub gesagt: Duong Dong duftet nicht nach Kräutern, Duong Dong riecht streng nach Fisch. Für viele Menschen hier der schönste Duft der Welt, denn was damit produziert wird, bringt Wohlstand und ist in aller Munde: *nuoc mam*, die köstliche vietnamesische Fischsoße. In einem langwierigen Gärungsverfahren reifen

getrocknete Sardinen in dicken Fässern zu der köstlichen Brühe heran. Von Vietnam aus wird die ganze Welt damit beglückt, es ist ein Exportschlager.
Und das schönste Schild, das man in Vietnam sehen kann, hängt an der Sicherheitskontolle beim Check-in: Es handelt sich um das Verbotsschild für die Mitnahme von *nuoc mam* im Fluggepäck – es hängt gleich neben dem Verbotsschild für Waffen.
Ein anderes wichtiges Schild auf dem Rückweg lässt ebenso staunen. In Überlebensgröße sind dort Hunde abgebildet, die so manchem bekannt vorkommen, der Rhodesian Ridgeback. Auf der Insel wird er als entfernter Verwandter zum Phu-Quoc-Hund gezüchtet, natürlich mit dem typischen Ridge, dem entgegengesetzten Haarstrang auf dem Rücken. Die große Zwingeranlage ist sehenswert. Der Züchter ist ein cleverer junger Vietnamese. Am Eingang liegen noch Informationen zur Geschichte der Insel bereit und er vermarktet außerdem noch Perlen aus dem kristallklaren Meer von den Farmen an der Westküste.
Eine Küste voller Kostbarkeiten, die an manchen Tagen viel Glück beschert. »Lucky-Man eins« ist so ein Glückspilz. An der Moped-Tankstelle fällt er durch eine überbreite Fracht auf seiner Honda auf. Die Seitenflossen eines Riesenrochens hängen herunter. Sein mittleres Auge starrt beleidigt auf die Zuschauer, der gefährliche, peitschenähnliche Stachel ist sorgsam am Moped festgezurrt. Der 49-jährige Fischer Nguyen Van Hoang ist vorsichtig, er will seine Fracht unverletzt auf den Markt bringen. 720 000 Dong wird er wohl dafür bekommen.
»Lucky-Man zwei« zwingt fast zur Notbremsung, aber der Trick mit dem Tuch am Handgriff funktioniert: Sanft kommt das Zweirad zum Stehen. Der 36-jährige Fischer Hau Duc Hoang ist ein Bild für die Götter. An einer langen Stange schleppt er sich mühsam mit seinem Glück ab, einem 20 Kilogramm schweren Thunfisch. Mindestens 20 US-Dollar wird ihm der Einkäufer in Doung Dong für das Prachtstück bieten. Bis dahin muss er noch vier Kilometer mit dem Fisch auf dem Buckel zurücklegen.

1 Robinsons leben war härter – Mittagessen am Strand mit perfektem Service. **2** Nagelneu im alten Kolonialstil – das »La Veranda« im Licht des Candle-Light-Dinner. **3** Nur auf Phu Quoc zu erleben – Sonnenuntergang im Ozean. **4** Cocktailbar des »La Veranda«.

Am Gasgriff des inzwischen total verstaubten Mopeds zu drehen ist einfacher. Eine Frage bleibt allerdings offen: Heißen alle glücklichen Fischer Hoang?

Am Strand entlang, nur 400 Meter von der »Cassia Cottage« entfernt, beginnt eine andere Welt. »La Veranda« ist das zurzeit modernste Resort auf der Insel. Der Luxus und das geschmackvolle Arrangement der Bungalows rund um den großen tropischen Garten schaffen eine überzeugende Atmosphäre.

Der Strand ist gepflegt und das Resort ist so ausgerichtet, dass der Sonnenuntergang aus gemütlichen Korbstühlen neben dem Champagnerkühler betrachet werden kann – ein Karibiktraum, der fast vergessen lässt, wo man sich eigentlich befindet – und der auch ein wenig in die Zukunft schauen lässt. Von der erhofft man sich sicher nicht, dass alle kleinen Träume, bescheidenen Erwartungen und Hoffnungen in so großen Projekten an den weißen Stränden begraben werden.

Das wunderschöne Lied von Harry Belafonte: »Oh Island in the sun …« – der Klassiker für Inselträume, klingt im Kopf erst wieder laut und klar auf dem 400 Meter langen Rückweg zur »Cassias Cottage«: »… her shores will always be home to me«.

Inselparadies Phu Quoc

Sehenswürdigkeiten
Das Tauch- und Schnorchelparadies auf den *An-Thoi-Inseln* gehört zu den schönsten Unterwasserrevieren Vietnams, es ist auch für Nichttaucher ein Erlebnis. Der Fischerort *An Thoi* liegt vor den Inseln, er ist sehr ursprünglich.
Auch die Pfefferplantagen bei *Khu Tuong* im Südwesten, die Hauptstadt Duong Dong mit ihren kleinen Gassen und eine Fischsaucenfabrik lohnen einen Ausflug.
Die *Phu-Quoc-Hunde* in der exzellent geführten Zucht eines vietnamesischen Spezialisten lassen so manches Herz höher schlagen.

Übernachten
Cassia Cottage, Khu Pho 1, Duong Dong Beach, *Phu Quoc Island,* Tel: 0084-77 848 395, Fax: 0084-4 928 4967, E-Mail: cassiacottage@cassiacottage.com, www.cassiacottage.com
La Veranda, Duong Dong Beach, Tran Hung Dao St., *Phu Quoc Island* Tel: 0084-8 77 982 988, Fax: 0084-8 77 982 998, E-Mail: contact@laverandaresort.com, www.laverandaresort.com

4

Essen und Trinken
Am kleinen Fischerhafen von *Duong Dong* gibt es viele lebhafte Lokale. Hier verbringen Einheimische ihren Abend. Fremde sind zwar herzlich willkommen, aber sie müssen kräftiger in die Tasche greifen als die Insulaner.
Wer Strandurlaub bevorzugt, ist mit den Restaurants unter Palmen im *Cassia Cottage* und der exklusiven Veranda im *La Veranda* bestens bedient.

Besonders zu empfehlen
Eine Inselrundfahrt als Selbstfahrer auf einem kleinen Moped mit Vollautomatik. Das bringt viel Spaß, man lernt es schnell. Den Ausflug auf einem Fischerboot kann man gut selber organisieren. Im Hafen von *Duong Dong* verhandelt man mit den Fischern persönlich. Der Sonnenuntergang ist ein abendlicher Höhepunkt, nirgendwo ist er so schön wie auf *Phu Quoc*, nur hier sind die Strände genau nach Westen hin ausgerichtet.

Auskunft
Exotissimo Travel Vietnam Co Ltd, Saigon Finance Center 9 Dinh Tien Hoang, District 1, *Ho-Chi-Minh-City*
Tel: 0084 8 825 17 23-283
E-Mail: pantanida@exotissimo.com, www.exotissimo.com

Kautschuk, Kaffee, Manjok und Pfeffer – der Reichtum des Hochlands.

Vom Dschungel in die Berge

Das südliche Hochland

1

2

3

4

Leben wie Gott in Frankreich

Dalat und das südliche Hochland

Dalat ist das perfekte Beispiel für vietnamesische Weisheit: Die Kunst, das Beste von der Kolonialvergangenheit zu behalten und es in die eigene Kultur einzupassen. Was man sieht, was man hört oder was man schmeckt. Es sind ständige Erinnerungen an die französische Kolonialzeit, die dieser Stadt ihr besonderes Flair geben.

Vom Mekong in die Berge zu fahren, das ist nicht nur eine Reise zwischen Meereshöhe und Mittelgebirge, es ist eine Reise zwischen den Welten – und in die Vergangenheit – in eine Epoche, die das heutige Vietnam so stark geprägt hat wie keine andere. Auf dem Höhepunkt der Kolonialzeit mit ihrer wirtschaftlichen Blüte gab es für die Franzosen auch nach oben hin keine Grenzen. In 1475 Metern Höhe inmitten von Wäldern, Kaffeeplantagen und Gemüsegärten installierten sie ab 1912 ihre »Stadt des ewigen Frühlings« aus dem Nichts: Dalat. Mitte der Zwanzigerjahre des letzten Jahrhunderts war Dalat die beliebteste Stadt in Vietnam. Selbst in den Sommermonaten, wenn die Saigon-Franzosen ausgelaugt und heimwehkrank unter der Hitze schmachteten, betrug hier die Temperatur gerade mal 15 bis 24 °C.

An dem Klima hat sich bis heute nichts geändert – und die Stadt blüht wieder auf: jetzt mit nostalgischem Charme. In die edlen Villen der Franzosen sind wohlhabende Geschäftsleute aller Nationen eingezogen, einige wurden zu kleinen, eleganten Hotels umgebaut. »Leben wie Gott in Frankreich«, das kann man in Dalat – im wahrsten Sinne des Wortes – wie nirgendwo anders in Vietnam. Vielleicht ist Dalat aber im geringsten Maße typisch für eine Stadt in Vietnam. Um das zu verstehen, bekommt Antoine Sirot, der Generalmanager des legendären Dalat-Palace-Hotels, als Gastautor das Wort. Ein Franzose in Dalat, der voller Witz und Charme seine Gäste in einem alten Citroën durch seine Lieblingsstadt fährt. Dabei raucht er natürlich *Gauloise noir*, fuchtelt begeistert mit den Händen herum und sucht Blickkontakt zu seinen Gästen im Fond, während er nach vorne lenkt. Ein liebenswerter Chauffeur, hier sein Bericht:

Was Sie sehen: »Dalat ist eine einzigartige Stadt, am Zeichenbrett erdacht und vollständig gestaltet von den besten Städteplanern und Architekten am Anfang des 20. Jahrhunderts. Namen wie

1 Hier wohnte der letzte Kaiser – jetzt residieren die Gäste wie Könige: »Dalat Palace«. **2** Flitterwochen im Tal der Liebe, der Traum aller Vietnamesen. **3** Putten in Dalat – der Traum aller Golfer. **4** Petit déjeuner mit großartigem Blick – Frühstücksterrasse des »Dalat Palace«.

1 Nicht nur für Präsidenten – die Präsidentensuite. **2** Die Schlüssel für das Paradies – »Sofitel Dalat Palace«. **3** Das Grün, aus dem die Träume sind, der Dalat Palace Golfclub. **4** Das köngliche Frühstücksbuffet. **5** Neue Rezepte in alter Villa.

Hebrard, Lagisquet oder Mounet standen hinter der Idee, für eine neue Generation von Menschen eine moderne Stadt zu bauen, die östliche und westliche Einflüsse miteinander verbindet und somit jede bestehende Kultur übertrifft.

Wenn wir uns heute diese Stadt mit ihrer Nostalgie ansehen, dann spüren wir, dass das Ziel der Städtebauer in den ersten fünf Jahrzehnten des Jahrhunderts erreicht wurde. All die Gebäude wurden im modernen Stil ihrer Epoche mit sensibler ständiger Sorge um die ästhetische Gesamtwirkung gebaut. Das Ergebnis kann sich sehen lassen: ein französischer Ortsstil mit vereinzelten Villen, Gärten, Seen und einem Golfplatz in seinem Zentrum. Damit entstand für die Franzosen ein Stück Heimat, in Südostasien, in einem Land, das damals Indochina hieß.

Was Sie hören: Und die ›gute‹ französische Gewohnheit, einige Stunden des Tages in den Cafés zu verbringen, auch das musste bei der Stadtplanung berücksichtigt werden. Heute genießen das die Bewohner von Dalat immer noch! Neu dagegen ist, dass alte französische Melodien auf den Terrassen der Cafés gespielt werden. Viele Lieder von damals haben inzwischen ihre eigene, vietnamesische Sprachversion. Sogar französische Melodien aus den 1980er Jahren werden gesungen, lange nachdem die Franzosen Vietnam verlassen haben. Manchmal gehe ich zu einer Tanzhalle und singe mit einem jungen vietnamesischen Sänger im Duett *Comme Toi*, ich auf Französisch und er auf Vietnamesisch.

Was wir riechen: Wir nehmen den betörenden Duft von Geranien, Hortensien und Rosen wahr, der sich mit dem des Kaffees vermischt, als seien wir in den Dörfern Frankreichs. Das ist allerdings viel später gekommen und hat am Anfang sehr gefehlt. Vietnam ist

ursprünglich ein traditionelles Teeland und übernahm den Kaffee erst viel später als eine Art soziales Getränk, um ihn in kleinen Gruppen in Cafés zu genießen. Aber es hat lange Zeit gedauert, bis der ›Café filtre‹ aus Frankreich seinen Weg hierher gefunden hat. Aber: wer diesen Kaffee schon mal in Vietnam bestellt hat, weiß was es bedeutet, bis der Kaffee, Tropfen für Tropfen, seine lange Reise vom Filter in die Tasse gemacht hat. Wie auch immer, die verführerischen Kaffeedüfte in Dalat gehören zum täglichen Leben, nicht nur auf den Caféterrassen. Im Zentrum gibt es viele Läden, die den wunderbaren Hochlandkaffee aus der Gegend frisch geröstet verkaufen.

Was Sie schmecken: Am meisten beeindruckt hat mich, als ich den Dalat-Markt zum ersten Mal besuchte, eine unglaubliche Auswahl an Gemüse, es gab sogar große, runde Artischocken. Ich recherchierte den Ursprung dieser fabelhaften und so schmackhaften Erzeugnisse und stieß auf eine interessante Geschichte. Sie begann mit dem Bauernhof von Monsieur Borel im Jahr 1920. Der Hof existiert bis heute und die reichhaltigen Ernten stammen immer noch aus den Ländereien von damals. Ein alter Franzose drückte sein Verzücken so aus, als er eine Artischocke von dort verzehrt hatte: ›Ich habe seit 50 Jahren keine Artischocke gegessen, die ähnlich gut schmeckt wie diese. Das erinnert mich an das Gemüse meiner Jugend.‹

Ein berühmtes französisches Gericht aus Dalat wird heute noch in vielen Restaurants angeboten: *lagu*, was übersetzt ›Ragout‹ heißt. Der Gutturallaut ›R‹ kann nicht von Vietnamesen ausgesprochen werden. Es ist der mit Gemüse gekochte traditionelle Fleischeintopf, der besonders im französischen Winter als deftiges Landküchengericht bekannt wurde. Man nannte es: ›Ragout‹. Ein absoluter Hit, auch für die vietnamesische Küche bis heute. Beide, ob Franzosen oder Vietnamesen, essen den Eintopf immer noch mit Begeisterung und mit Baguettebrot, das sie in die Soße dippen.

1 Es geht ein Zug nach nirgendwo – der stillgelegte Bahnhof von Dalat. **2** »Professor Vegetable« und seine Bio-Babys aus Gemüse. **3** Gemüseanbau aus Tradition – mit den Franzosen kam auch das Gemüse nach Dalat. **4** Das »Crazy-House« – die experimentelle Architektur der vietnamesischen Künstlerin Hang Nga. **5** Ein glückliches Golferpaar aus Österreich.

Doch wie immer gibt es auch hier einen kleinen Unterschied: Die Vietnamesen bevorzugen zum ›lagu‹ statt Dijon-Senf eine kräftige Variante aus Chili-Soße.

Dies sind nur wenige Dinge, mit denen ich Dalat, meine Heimatstadt seit fünf Jahren, beschreiben möchte, wie geschickt die Vietnamesen auswählen, gute Dinge von den schlechten zu unterscheiden. Die ganz schlechten schmeißen sie einfach weg und vergessen sie ganz schnell. Schlaue Leute.«

Zwischen dem interessanten Vortrag und der nächsten *Noir* würgt Monsieur Antoine den ersten Gang des alten Citroën krachend in das Getriebe. Es gibt noch viel zu sehen in Dalat, zum Beispiel den Golfplatz am See. Es sei das gepflegteste Grün in Vietnam, sagen Kenner, auf jeden Fall war es das erste. Der letzte Kaiser von Vietnam ließ ihn hier anlegen. Seine Exzellenz Bao Dai, der einen guten Geschmack und viel Zeit hatte, bewohnte während des Sommers eine bezaubernde Art-déco-Villa in Dalat. Selbst der Laie staunt beim Betrachten dieses 18-Loch-Platzes.

Aus dem Staunen kommt man ebenfalls nicht mehr heraus, wenn man sich das »Valley of Love« anschaut. Es liegt ein wenig außerhalb am Xuan-Huong-See und ist das absolute Muss für Hochzeitspaare aus dem ganzen Land. Hier heiratet man. In einem Ambiente, das ein bisschen an Disneyland erinnert, paddeln die

frisch vermählten Paare in Plastikschwänen für die Hochzeitsfotografen durch den künstlichen See. – Es muss wohl glücklich machen. Überall erblickt man kichernde Bräute, die ihre langen Schleier verspielt im Gegenlicht tanzen lassen. Etwas ruhiger wirken dagegen die Herren Bräutigame. Sie bemühen sich aber um feierliche Contenance.

Hinter dem nächsten Hügel, nur ein paar Kilometer weiter, hat »Professor Vegetable« im Moment andere Sorgen. Der witzige, aber topseriöse Wissenschaftler Dr. Nguyen Ba Hung mit der Aura eines »Daniel Düsentrieb«, also eines sympathischen, spleenigen Erfinders, bangt um seine ökologisch angebauten Gemüsebabys. Seine Möhren, Lauchzwiebeln, grüne Bohnen und der Fenchel sind von einer außergewöhnlich ökologischen Reinheit, die es nur bei ihm gibt. Mit seinem streng ökologischen Anbau knüpft er zwar an die Tradition der französischen Gemüsebauern an, aber er muss neue Wege gehen. Der fruchtbare Boden um Dalat wird bald die gewohnte Qualität nicht mehr hergeben – die jahrzehntelange Düngung hat ihn ausgelaugt. Um die Qualität des berühmten Gemüses erhalten zu können, muss er ökologisch anbauen. Dr. Hung ist auf dem besten Wege, das zu schaffen. Sein köstliches Minigemüse findet man übrigens schon jetzt auf dem Frühstücksbuffet der guten Hotels.

Dalat – Leben wie Gott in Frankreich

Sehenswürdigkeiten
Der stillgelegte Bahnhof mit seinen Dampflokomotiven und Waggons aus der Kolonialzeit, mit seinen Gleisen, die nirgendwo hinführen. – Das edle Villenviertel mit den morbiden Zeugen aus besseren Zeiten. – Die Art-déco-Villa des letzten Kaisers Bao Dai. – Die Kaffeeplantagen, ökologische Gemüsegärten von »Professor Vegetable« und bunte Blumenfelder. – »Das verrückte Haus«: die experimentelle Architektur einer eigensinnigen, vietnamesischen Künstlerin. – Das Tal der Liebe am Xuan-Huong-See, Treffpunkt für Jungvermählte und Liebespaare. – Der edle Dalat-Palace-Golfplatz, zwischen Hotel und Stadtsee gelegen, der schönste Platz Vietnams.

Übernachten
Sofitel Dalat Palace Hotel, 12 Tran Phu St., *Dalat*.
Tel: 0084-8 63 825 444, Fax: 0084-8 63 825 666,
E-Mail: sofitel@vnn.vn, www.sofitel.com

5

Novotel Dalat, 7 Tran Phu St., *Dalat*, Tel: 0084-6 38 25 777,
Fax: 0084-6 38 25 888, E-Mail: novotel@vnn.vn,
www.novotel-asia.com

Essen und Trinken
Für einen feinen französischen Kaffee empfiehlt sich das *Café de la Poste,* zwischen altem Postamt und *Novotel* gelegen. Das *Café Tung*, 6 Khu Hoa Binh, lebt noch komplett in der Vergangenheit, hier seufzt Jacques Brel seine Chansons noch von der Schallplatte.
Das Candle-Light-Dinner im Restaurant des *Dalat Palace Hotels* ist der romantische Höhepunkt in der »Stadt des ewigen Frühlings«. Wer es rustikaler mag, geht in die Kellerbar. Dort gibt es jeden Tag ein zünftiges europäisches Menü.

Besonders zu empfehlen
Ein frisch gezapftes Bier in der Kellerbar des legendären *Dalat Palace*. Vielleicht trifft man dort das Französischste, was das Hotel zu bieten hat, den Direktor Antoine Sirot mit Baskenmütze und Strickjacke. Keiner kennt sich in Dalat besser aus als Monsieur Sirot. Wer eine Stadtrundfahrt mit ihm in seinem Citroën von 1929 macht, hat Dalat wirklich erlebt.

Auskunft
Golf *Dalat Palace Golfclub*, 12 Tran Phu St., *Dalat*.
Tel: 0084-8 63 825 444, Fax: 0084-8 63 825 666,
E-Mail: sales@vietnamgolfresorts.com,
www.vietnamgolfresorts.com

1

2

3

4

Vom Hochland an die Küste

Mui Ne – Südliche Küste

Eine totale Sonnenfinsternis öffnet die Augen: 1995 treffen sich Menschen aus der ganzen Welt am Strand von Mui Ne. Sie sind gekommen, um die Sonnenfinsternis des Jahrzehnts zu beobachten. Und einige sehen noch viel mehr – ein Urlaubsparadies für die Zukunft.

Au revoir Dalat, mercí Antoine, Xin Chao Mister Lai. Kommen und Gehen hat in Vietnam Geschichte. Fahren dagegen, besser gesagt gefahren werden, ist der Stoff, aus dem Geschichten gemacht werden: Horrorstorys, Abenteuerstorys, Storys ohne Ende. Gerade deswegen sollte man sich gönnen, seine eigenen Geschichten zu erleben: vielleicht mit einem Mietwagen und einem Fahrer auf längeren Überlandfahrten. Dabei muss man wissen, dass auf den Straßen Vietnams nicht der Komfort des Autos über das Wohlbefinden der Passagiere entscheidet, sondern einzig und allein ein Mensch: der Fahrer. Alle sind sehr nett, bemüht und motiviert. Manchmal aber sind es nur ein paar Kleinigkeiten, die auf langen Fahrten nervtötend sein können. Mit einem Augenzwinkern seien ein paar erwähnt. Den Hoppla-jetzt-komm-ich-Huper kann man noch einigermaßen ertragen, denn er macht Huppausen. Weitaus schlimmer ist der Ich-hupe-also-bin-ich-Huper, denn diese Spezies hupt immer. Im Vergleich zu ihnen ist der Mobiltelefonierer ein eher gut erträglicher Zeitgenosse. Doch über allen steht eindeutig der Falschüberholer. Er veranlasst Adrenalinstöße, die noch eine ganz Zeit nachwirken. Diesem Fahrertyp ist allerdings zu verdanken, dass seine Passagiere munter bleiben und viel von der Fahrt mitbekommen.

Mein Fahrer Mister Lai hat nur einen Wackelhund und einen Duftbaum im Auto, aber das haben die Taxler in Hamburg und München auch. Während er telefoniert, schreibt er gerne mal mit, was er ganz gut hin bekommt. Rechts, die Leitplanke zum Tal hin, sieht stabil genug aus für ein Auto und zwei Menschen. Er fährt langsam und er erzählt gerne, wobei er sehr lustig ist. Wenn er lacht, dreht er sich genau im Moment der Pointe um, das macht richtig Spaß.

Die Fahrt von Dalat an die südliche Küste Richtung Mui Ne führt durch eine wunderschöne, bergige Landschaft mit vielen engen Kurven. Touristisch ist das südliche Hochland wenig erschlossen, aber darin liegt ja auch der Reiz der Fahrt. Nach nur etwa 170 Kilo-

1 »Bitte drüberfahren« – vier Räder als Erntehelfer, um die Spreu vom Reis zu trennen. **2** Schlammpackung am Wegesrand – heiße Quellen. **3** Korallenfarbe aus dem Tuschkasten. **4** Hochplateau bei Di Linh – ein Paradies für Wandervögel.

1 Kitesurfer am Strand vom »Sailing Club« Mui Ne. 2 Die Dünen von Mui Ne – Naturwunder und Fotografentraum. 3 Fischertempel in Mui Ne, hier beten die Frauen für ihre Männer. 4 »Junge, komm heil wieder« – Auslaufen der Fischerboote. 5 »Sailing Club« Mui Ne.

metern hat man die südliche Küste erreicht und damit wieder die viel befahrene National 1 von Saigon nach Hanoi. Also Bummeln passt zur herrlichen Landschaft und macht gute Laune. Bei Dai Ninh lohnt sich ein Stopp am Gougar-Wasserfall. Etwa 30 Kilometer weiter, in der Gegend von Di Linh, gibt es sehr große, von den Franzosen angelegte Teeplantagen, die bis heute die Haupteinnahmequelle dieser Region sind. Weiter geht es auf der Regionalstraße 28 Richtung Phan Thiet, wenn nicht gerade für die neue Straße gesprengt wird. Sie soll einmal die Zufahrt zu den Bergregenwäldern im Di-Linh-Hochland möglich machen. Heute bietet dieses einsame Gebiet naturverbundenen Wanderern herrliche Ausflüge. Die Kurven werden allmählich weniger und es beginnt der Abstieg vom Hochland an die Küste. Die Nachmittagssonne taucht die flache Landschaft in warme Farben, riecht es schon nach Meer? In Ba Tu nimmt man die linke Abzweigung, kreuzt kurz danach die Hauptbahnlinie Saigon – Hanoi, und dann ist es nicht mehr weit bis zu den Sanddünen von Mui Ne. Bei dem kleinen Fischerdorf türmt sich eine Wüstenlandschaft mit rund 30 Meter hohen Dünen auf. Bei Sonnenuntergang leuchten sie in einem intensiven Rotgelb. Natürlich gehört es dazu, auf die Sanddünen zu krabbeln – auf allen vieren. Die Sandkörner, die danach zwischen Zähnen und Haaren knirschen, sind mühsam erkämpfte Trophäen, man sollte stolz darauf sein. Spätestens beim abendlichen Bad im Meer sinken die Körnchen sowieso zurück zu ihrem Urprung auf den Meeresgrund. Ganz gleich wo man übernachtet, die schönen Resorts liegen alle direkt am Meer. Der »Sailing Club« ist ein charmantes Beispiel für eine kleine gemütliche Bungalowanlage zum Ausspannen. Die strohgedeckten Häuschen verteilen sich nach hinten hin in die üppig bewachsenen Gärten; in den Bungalows nach vorne zum Strand hin kann man fast die Füße von der Terrasse ins Meer hängen lassen und von dort aus die sportlicheren Gäste bei ihrem Spaß, dem Kitesurfen, Schnorcheln oder Katamaransegeln beobachten. Dünen, Strand und Palmen sind ein stimmungsvoller Beginn eines Badeurlaubs an den endlosen Stränden der südlichen Küste. In die nächste größere Stadt Phan Thiet sind es nur 15 Minuten mit dem *xe-om*-Mopedfahrer.

Mui Ne – südliche Küste

Sehenswürdigkeiten
Die Sanddünen von Mui Ne beim Sonnenuntergang – zum Entspannen und zum Fotografieren. Einer der Höhepunkte für Fotografen. – Der »Pink Stream«-Canyon, eine rotbraune Furche, die sich im Laufe von Jahrtausenden in die Landschaft gefressen hat. – Der Windsurferstrand direkt am alten Fischerort. – Dieser Naturhafen mit seinen Fischern, die ihre runden Boote aus Bambusgeflecht wie Artisten beherrschen. Mui Ne gehört auf alle Fälle zu jenen Orten, deren Anblick man so schnell nicht vergisst. Tagsüber liegen im Hafen unzählige, bunt bemalte Fischerboote vor Anker.

Übernachten
Sailing Club Mui Ne, 24 Nguyen Dinh Chieu Ham Tien, Mui Ne, Tel: 0084-62 847 440, E-Mail: info@sailingclubvietnam.com, www.sailingclubvietnam.com

5

Cham Villas, Nguyen Dinh Chieu Ham Tien, Mui Ne, Tel: 0084-62 741 234, E-Mail: reservations@chamvillas.com, www.chamvillas.com

Essen und Trinken
Sailing Club und Cham Villas sowie die meisten Resorts an der Beach bieten alle sehr gutes Essen und gepflegte Atmosphäre. Seafood-Spezialitäten kann man allerdings auch in den kleinen einfachen Restaurants am Strand zu einem fairen Preis finden.

Besonders zu empfehlen
Die Wassersportangebote der Club-Resorts; hier kümmern sich australische Beachboys zusammen mit ihren vietnamesischen Kollegen um die Gäste. Windsurfen, Kitesurfen, Jetski. Ganz Mutige gehen zum Fischer nebenan und lassen sich zeigen, wie man eines von den typischen runden Korbbooten steuern kann. Andere Akrobaten kann man gleich daneben bewundern: Durch den ständigen starken Wind hat sich hier auch eine super Kiterszene etabliert, aus allen Ecken der Welt kommen die Cracks hierher. Es ist sehr kurzweilig, auch diesen Artisten zuzuschauen.

1

2

3

4

Tauchen, Surfen, Bootstouren

Nha Trang – Strände ohne Ende

Die Bucht von Nha Trang muss gleich mehrmals »hier« gerufen haben, als die vietnamesischen Götter Anteile und Attraktionen der 3200 Kilometer langen Küste Vietnams verteilt haben. Sechs Kilometer Traumstrände mit weißem Sand und unzähligen Kokospalmen sind daraus geworden.

Wenn früh am Morgen die Sonne schon mit aller Kraft in die Bucht von Nha Trang strahlt, ist das Schwerste für die Fischer vorbei, aber auch das Schönste für die Besucher gelaufen. Langschläfer finden dann nur noch einen frisch geharkten Sand am Hotelstrand vor. Die Sitzpolster liegen bereit, ein Faulenzertag wartet auf Order.

Von dem bunten, quirligen Strandleben beim Sonnenaufgang haben die meisten Urlauber nichts mitbekommen. Vor einer halben Stunde tummelten sich am Strand geradezu die Menschen, die den Tag begrüßen, jeder individuell, aber in fröhlicher Gemeinschaft: Junge Männer spielen Ball, ältere Menschen machen völlig versunken ihre Tai-Chi-Übungen. Fischerfamilien bergen ihre Netze. »Hey, come on!«, rufen fröhliche Strandjogger und fordern zum Mitlaufen auf. Das empfinden manche als den schönsten Beginn für einen Tag in einem fremden Land.

Jetzt liegen nur noch schlappe, leere Fischernetze herum, ein halb toter Fisch japst nach Luft. Der Fang wird auf dem Moped zum Fischmarkt transportiert, die Frühsportler gehen zur Arbeit. Einmal sollte man es sich aber gönnen, vor der Sonne mit den ausgeschlafenen Vietnamesen am Strand zu sein. Dann erlebt man garantiert ein Stück Vietnam so, wie es immer war, und wohl auch weiterhin bleiben wird. An dieser Ursprünglichkeit wird der zunehmende Tourismus vorläufig nichts ändern. Die Menschen von Nha Trang haben eine lange Erfahrung mit ausländischen Besuchern – besonders französischen und amerikanischen. Vielleicht sind sie deswegen so gelassen und gehen ihrer normalen Arbeit nach wie früher, denn Souvenirs, Drachenfrüchte, Maniküre und Massagen dürfen sie am Strand nicht mehr anbieten. Das ist von der Polizei verboten worden: Es könnte ja die Touristen stören. Aber vielleicht ist das ja auch nur ein Relikt aus der Kolonialzeit, als der letzte Kaiser Bao Dai sich hier im »vietnamesischen Nizza« unters Volk mischte, um

1 Ana Mandara, Massagebungalow am Lotosteich. **2** Nachtfischen vor Nha Trang – Neonlicht für Tintenfische. **3** Träumen unterm Baldachin – De-luxe-Villa im Ana Mandara. **4** Ein guter Start in den Tag – Tai-Chi im Morgenlicht.

1

2

3

Seeluft zu schnuppern. Natürlich hat der letzte Kaiser auch hier elegante Urlaubsvillen hinterlassen, die inzwischen von der neuen Regierung zu eleganten Hotels umgebaut wurden. Kaiserlichen Luxus bietet heute allerdings nur ein Hotel in Nha Trang: Die großzügige Anlage des »Ana Mandara Resort« verbindet internationalen Topstandard mit einem sehr gelungenen Ambiente. Der Wellness- und Spa-Bereich dieses Hotels hat für den Tourismus in Vietnam viele Impulse gegeben und Standards für neue Häuser gesetzt. Das »Ana Mandara« war lange Zeit das beste Hotel in Vietnam und es gehört immer noch zu »den besten der Welt«. Dort zu wohnen hätte Seiner Majestät sicher sehr viel Feunde in sein »gestresstes« Dasein gebracht. Es ist das einzige Hotel, das in Nha Trang am Meer liegt und einen Strand vor der Terrasse hat. Dieser ist für alle zugänglich, denn abgesperrte Strände gibt es in Vietnam nicht.

Auf der gegenüberliegenden Seite der Uferpromenade Tran Phu wurde ein Hotel an das andere geklatscht und zwischen die alten Villen gesetzt. Das gibt dem Gesicht des Küstenortes etwas vom »Costa-Brava-Charme«. Aber zum Glück passt dieses Klischee nicht zu Nha Trang. Die freundliche Stadt und die Umgebung haben einiges mehr zu bieten. Hartnäckige Wasserratten und Sonnenanbeter kommen dabei voll auf ihre Kosten. Attraktionen wie Sporttauchen, Jetski sowie Bootstouren zu kleinen Inseln sind verlockend. Das gibt es in Vietnam so kein zweites Mal. Auch das Nachtleben bietet einiges. Von Bars bis Dancingfloors steht dem Besucher vieles zur Auswahl. Toleranz gehört zum täglichen Leben in Vietnam dazu, und das hat gerade in Nha Trang einen speziellen Hintergrund.

Hier an der Küste treffen drei Kulturen zusammen, deren Koexistenz über Jahrhunderte hinweg eng mit der Entwicklung der Menschen in dieser Region verbunden ist: Eine riesengroße Buddhastatue thront an der Long-Son-Pagode. Der Glockenturm der katholischen Kathedrale ist nicht zu übersehen. Am Cai-Fluss stehen die Tempel von Po Nagar, die an die uralte Chamkultur erinnern. Diese Vielzahl von Lebensansichten hat wohl letztendlich zu diesem toleranten Miteinander geführt, auch wenn das nicht immer funktioniert hat: Denn die buddhistischen Mönche, die sich in den Sechzigerjahren des letzten Jahrhunderts aus Protest gegen

das Regime des katholischen Diktators Diem in Saigon verbrannten, waren aus Mittelvietnam, einige von ihnen stammen direkt aus Nha Trang.

In Vietnam kommt man einfach nicht an der Geschichte vorbei. Die jüngere Geschichte macht immer wieder nachdenklich, die ältere immer wieder neugierig, besonders hier an der südlichen Küste, wo das Volk der Cham bis zum 14. Jahrhundert lebte.

Auch wer sich nicht für altes Gemäuer interessiert, landet früher oder später vor einem Cham-Tower. Zum Beispiel in Phan Rang, nur wenige Kilometer von Nha Trang entfernt, errichtete das geheimnisvolle Volk das Zentrum ihres Königreichs Panduranga. Es handelt sich dabei um die bedeutendsten Tempel, die von ihrer Kultur zeugen. Der Komplex Po Klong Garai blieb von allen am besten erhalten.

Mister Duncan, hat allerdings Gegenwartsprobleme. Wie eine verschlossene Muschel denkt der Hoteldirektor vom Sunrise-Beach-Hotel, lange nach bis er eine Idee hat: Er plant für seine Gäste das Angebot einer Bootstour zur Perlenfarm bei den Inseln vor Nha Trang. Dazu muss das Personal die Tour aber erst einmal selbst ausprobieren. Er organisiert also für den nächsten Tag einen Betriebsausflug zur Perlenfarm in der Van Phong Bay.

1 Jeden Morgen wird dem Strand die Harke gezeigt. **2** Wasserprobe. **3** Zimmer mit Aussicht. **4** Hier hat man die Ruhe weg. **5** Badezimmer in der Luxusvilla.

Die Bucht ist mit Abstand die schönste in Vietnam und gilt als ökologisches Tauchparadies bester Qualität. Es gab hier viele Auflagen, um die Natur zu erhalten: Kein Boot durfte bisher ohne Erlaubnis ankern, und vor Sonnenuntergang mussten alle Boote die Bucht verlassen. Jetzt gibt es allerdings zaghafte Versuche, einen sanften Tourismus zu dulden. Nur so kann nach Meinung von Experten eine der tiefsten Buchten der Welt mit ihrem türkisfarbenen Wasser und den sensiblen Korallenriffen erhalten bleiben und trotzdem eine Attraktion für Besucher werden, ohne den Lebensraum für Hunderte von Pflanzenarten und Tieren auf den Inseln einzuengen.

Die Fahrt geht mit einem flotten Boot und 15 lustigen, motivierten Angestellten des Hotels zu den 50 Kilometer entfernten Inseln. Alle sprechen sehr gut Englisch, das professionelle Servicelächeln ist einer sehr herzlichen Stimmung gewichen. Wie immer sind die

1

2

3

jungen Leute sehr offen und neugierig. Sie sind die wirklichen Perlen Vietnams und der allerbeste Schmuck für ein Hotel. Die auf dem schaukelnden Ponton der Perlenfarm, die sind allerdings auch nicht schlecht. Wer noch nie gesehen hat, wie Perlen entstehen, kommt ins Staunen. Es ist ein ziemlich kompliziertes Verfahren, die Natur zu solchen Höchstleistungen zu provozieren. Es beginnt für die Muschel mit dem Ärgernis, einen Fremdkörper in sich zu haben. Ein Splitter aus Perlmutt wurde ihr vorsichtig ins Fleisch eingepflanzt: Den packt Mutter Muschel nun langsam ein, Jahr für Jahr mit einer neuen Schicht. So wächst der Fremdkörper und wird langsam zu der begehrten Perle. Nach Jahren mühevoller Pflege, und falls die Muschel die Gefahren des Meeres und den nächsten Taifun überstanden hat, erntet der Züchter ein wunderschönes Schmuckstück.

Der Abend lädt zum Bummeln ein oder zu einer Cyclotour. Sogar in Nha Trang, dem ältesten Seebad Vietnams, gibt es noch einige Rikschafahrer, die die Altstadt wie ihre Westentasche kennen. Noch ist es so, doch manchmal kommen sie selber in Zweifel, wenn an einer markanten Ecke ein neues Haus steht, wo sie eine alte Villa angekündigt haben. »*I'm sure Mister, I'm really sure*«. Bei dieser Tragik sollte man aus Mitgefühl einfach auf seinen völlig überhöhten Fahrpreis eingehen.

1 Sunrise in der Strandperle – Sunrisehotel, Nha Trang. **2** Raue Schalen, kostbare Perlen. **3** Klares Wasser und viel Pflege – Austernfarm in der Van Phong Bay. **4** Wie kommt das Glanzstück in die Auster? **5** Die Perlen des Hotels, das Personal – Betriebsausflug zur Austernfarm.

Nha Trang – Strände ohne Ende

Sehenswürdigkeiten

Der Fischerhafen von Nha Trang gehört zu den buntesten an der Küste. – Die Buddhastatue an der katholischen Kirche und die uralten Chamtürme zeugen von einem toleranten Miteinander. – Die *Tempel von Po Nagar* sind das bedeutendste Zeugnis der untergegangenen Chamkultur.

Übernachten

Ana Mandara,Six Senses Resorts & Spas, Beachside Tran Phu Blvd., Nha Trang. Das wunderschöne Boutique-Hotel ist das einzige mit Strandzugang. Es ist sehr liebevoll in Holz gestaltet und mit Rattanmöbeln eingerichtet.
Tel: 0084-58 522 222, E-Mail: PR-anamandara@evason-resorts.com, www.sixsenses.com
Sunrise Beach Resort, 12–14 Tran Phu Blvd., Nha Trang. Ein modernes Hotel mit erstklassigem Service und vermutlich der größten Empfangshalle in Vietnam mit einer schicken Bar. Tel: 0084-8 58 820 999, E-Mail: info@sunrisenhatrang.com.vn, www.sunrisenhatrang.com.vn

Essen und Trinken

Die Auswahl an Lokalen in Nha Trang ist durch die lange touristische Tradition sehr groß. An der Uferpromenade Tran Phu

sind die schönsten Restaurants mit internationaler Küche und hervorragenden Spezialitäten aus der Region. Fisch- und Seafood-Restaurants gibt es im Stadtzentrum in der Phan Chu Trinh. Am Strand kann man in günstigen Lokalen und Imbissen hervorragend essen. Wer Lust auf Spaghetti hat, geht zu Herrn Mai.
City Pizza Little Italy, 24A Hung Vuong St., Nha Trang.
Tel: 0084-58 521 893, E-Mail: mailenguyen2001@yahoo.com

Besonders zu empfehlen

Das Strandleben bei Sonnenaufgang zu beobachten, gibt den schönsten Einblick in das vietnamesische Leben. Die Van Phong Bay mit Perlenfarmen und Unterwasserriffen gehört zu den schönsten Buchten Vietnams. Das Nachtleben bietet alles, was das Touristenherz begehrt – und das die ganze Nacht.

Auskunft

Exotissimo Travel Vietnam Co Ltd, Saigon Finance Center
9 Dinh Tien Hoang, District 1, *Ho-Chi-Minh-City*
Tel: 0084 8 825 17 23-283
E-Mail: pantanida@exotissimo.com,
www.exotissimo.com

1

2

3

4

Herausforderung im Versteck

Ninh Van Bay – Bucht der wiederentdeckten Sinne

Die Wiederentdeckung der Sinne – wer wünscht sich das nicht in einem hektischen Alltag. Und doch ist es für viele Menschen eine der größten Herausforderungen, ihre von Computer, Handy und Internet abgestumpften Sinne wieder neu zu entdecken.

Die Reise zu den »verlorenen Sinnen« beginnt schon auf dem Weg vom Flughafen Cam Ranh nach Nha Trang. Der Fahrer steuert das elegante Auto mit den getönten Scheiben äußerst behutsam und souverän. Eine liebenswerte Hostess bietet frisches Obst und Wasserflaschen mit einem appetitlichen Überzug aus Leinen an. Dahinter steckt natürlich auch nur das vietnamesische »La Vie«, wie das Wasser in Plastikflaschen heißt, aber so fasst sich das »tägliche Leben« doch viel schöner, sinnlicher an. Klassische Musik liebkost das Trommelfell, die Bereitschaft zur Hingabe an sinnlich-sanfte Reize hat schon begonnen.

In der kleinen Rezeption für den Bootstransfer in die einsame Bucht findet das Check-in statt. Ab hier kann man getrost alles vergessen, was mit den Mühen der Fortbewegung in einem fremden Land zu tun hat. Die schneeweißen Overalls des »Sinnenteams« signalisieren, dass der Moment gekommen ist, Abschied zu nehmen von einer gestressten Welt. Das funktioniert. Mit einem schnittigen Motorboot gleitet man in einer 30-Minuten-Fahrt zur Ninh-Van-Bucht und lässt schnell jeglichen Verdruss hinter sich.

Die Ninh-Van-Bucht ist kleiner, ruhiger und schöner, als man es sich vorgestellt hat. Der Strand weißer und die Berge im Hintergrund höher. Nach dem Abschalten des Bootsmotors herrscht Stille. Selbst das Meer kräuselt seine Wellen lautlos. Eine Hotelanlage ist nicht zu sehen. Der endlos lange Bootssteg zum Strand wirkt wie eine letzte Verbindung zur Außenwelt.

Ein kurzer Blick zurück, dann durchquert man einen herrlichen tropischen Garten mit üppigem Grün und bunten Blüten. Hummeln saugen Nektar, Schmetterlinge umtanzen den ankommenden Gast. Nur wenige Meter weiter gesellt sich der persönliche Butler, Mann oder Frau, zu dieser Idylle hinzu. Ab jetzt kümmert er oder sie sich um alles, was die Sinne von einem ganz persönlichen Wiederbelebungstraining ablenken könnte.

Die rustikalen Bungalows aus Naturstein und Holz, die an die traditionellen vietnamesischen Formen erinnern, sind mit allem erdenk-

1 Massageöl für die Haut. **2** Streicheln für die Seele. **3** Der Blick konzentriert sich auf das Wesentliche. **4** Evason Hideaway, Rock-Villa – das Höchstmaß an Entspannung.

1 Beachvilla mit eigenem Pool im »Evason Hideaway«. **2** Offene Schlafterrasse mit Seeblick. **3** Open-Air-Badesalon in der Rockvilla. **4** Zen-Garten und Weg zum Top-Spa auf dem Hügel. **5** Exklusiv für Gäste – der Bootssteg vom »Evason-Hideaway«.

lichen Komfort ausgestattet. Es gibt ein einfaches Schlafzimmer und den rundum offenen Wohnraum auf der oberen Ebene mit Holzjalousien. Dazwischen hat man einen Durchblick über die Palmenwipfel zum Meer hin. Das vereint augenblicklich mit der Natur – ob man will oder nicht. Nur im ersten Moment fühlt man sich schutzlos ausgeliefert. Doch bald wird dieser Raum anstelle des unteren Schlafzimmers zum gemeinsamen Nachtlager. Es ist ein Platz zum Träumen unter Palmen und tropischem Sternenhimmel.

Fünf Bungalows sind auf die nackten Felsen im Meer gebaut, das vermittelt im ersten Moment strenges Klosterambiente für einen asketischen Aufenthalt. Doch dahinter steckt eine traumhafte Luxuseinsiedelei, von der man aus der Badewanne heraus den Fischern bei der Arbeit zuschauen kann. Hier eine Art Buße für die geschundenen Sinne zu tun, das hat einen besonderen Reiz.

Das tägliche Shuttleboot zur Uferpromenade nach Nha Trang, wo das Leben hektisch pulsiert, bleibt deswegen auch meistens leer.

Der persönliche Butler im »Evason Hideaway« lockt seine Gäste täglich mit vielen anderen Vorschlägen: Tennis, Wasser- und Tauchsport, Fitness, Trekking und Flussfahrten. Ausflüge in die Berge – oder einfach die Seele baumeln lassen.

Viele gestresste Manager und »Sinnsucher« wählen meistens das Nichtstun. Aber das ist schwer und will gelernt sein. Für den Einstieg zur inneren Einkehr helfen Steingärten nach japanischem Muster, Wasserfälle, Duftgärten und Massagen unter freiem Himmel. Lange Spaziergänge am Strand verlocken nicht so sehr, da die Bucht gerade mal einen Kilometer Strand bietet – es ist eher ein Platz für die Sinne, den man dort findet, und der wird nach ein paar Tagen unermesslich groß.

Die Ninh-Van-Bucht liegt in südlicher Richtung. Es gibt hier 250 Tage Sonnenschein bei Temperaturen zwischen 26 bis 34 Grad Celsius. Wer den Sonnenaufgang trotzdem vermisst, kann ihm morgens in aller Herrgottsfrühe mit einem Fischerboot entgegenfahren. Die Boote sind recht gut und können an dem langen Steg anlegen. Bei dem romantischen Frühsport kann man gleichzeitig seinen Fisch für das Abendessen aussuchen. Zünftiger und frischer geht's nicht.

Ninh Van Bay – Bucht der wiederentdeckten Sinne

Sehenswürdigkeiten
Das Resort *Evason Hideaway* mit seinem weißen Strand und den Bergen ist die Sehenswürdigkeit an sich. Wer mehr sehen will, sich Überblick verschaffen will, kann die Landzunge der Halbinsel erwandern. Dabei kann der Naturfreund in aller Seelenruhe Flora und Fauna beobachten; diese Ausflüge finden in sachkundiger Begleitung eines einheimischen Führers statt.

Übernachten
Evason Hideaway & Six Senses Spa at Ana Mandara
Die Anlage besteht aus mehreren freistehenden Villen – am Strand, im Wald und auf Felsen im Meer. Die Villen sind nach vietnamesischem Vorbild gebaut und mit Möbeln aus natürlichen Materialien ausgestattet. Diese Mischung von Luxus und Natur entspricht der Philosophie des Resorts. Ein Fitness-Center, eine Bibliothek und mehrere Bars laden zur Entspannung ein. Von dort genießt man einen herrlichen Ausblick auf die Privatbucht und das Meer mit dem angrenzenden Regenwald.

5

Evason Hideaway & Six Senses Spa at Ana Mandara, Ninh Van Bay, Ninh Hoa, Khanh Hoa, Tel: 0084-58 524 268,
E-Mail: reservations-anamandara@evasonhideaways.com

Essen und Trinken
Das hervorragende Restaurant im Resort lässt keine Wünsche offen. Die Auswahl an frischen Früchten und frisch gepressten Säften ist überwältigend.

Besonders zu empfehlen
Die Reise zu sich selbst und den verlorenen Sinnen in der wunderbaren Spa- und Wellnesslandschaft des *Evason Hideaway Resorts.*

Auskunft
Exotissimo Travel Vietnam Co Ltd, Saigon Finance Center
9 Dinh Tien Hoang, District 1, *Ho-Chi-Minh-City*
Tel: 0084 8 825 17 23-283
E-Mail: pantanida@exotissimo.com,
www.exotissimo.com

1

2

3

4

Starker Wind und 18 Löcher

Phan Thiet – Golfplatz und Surfparadies

Bei Windstärke sechs bis sieben packen die einen aus, die anderen ein. Wenn es am Loch 9 zu stürmisch geworden ist – dann ist der »Hammerwind« für den »Downride« entlang der Küste von Mui Ne nach Phan Thiet gerade richtig!

Auf dem 15 Kilometer langen Strand zwischen Mui Ne und Phan Thiet treffen zwei touristische Welten zusammen, wie es kontrastreicher nicht geht. Golfer und Surfer haben hier – friedlich nebeneinander – ihre Paradiese gefunden. Die Golfer schon seit 1995, die Surfer seit dem Jahr 2000.

Nur mit dem exklusiven Grün in Dalat liegt der Golfplatz Ocean Dunes ein bisschen quer, dabei geht es aber um nette Eitelkeiten: »Wer ist denn nun der Schönste im ganzen Land?« Das ist hier die Frage. Unbestritten ist dabei, dass zumindestens Loch Nummer 9 das schönste in Vietnam ist, außerdem gehört es zu den 500 edelsten der Welt. Das runde Prachtstück liegt auf einem kleinen Hügel ganz nahe am Meer. Golfsuperstar Nick Faldo hat die Anlage gestaltet und bezeichnet sie als den attraktivsten Strandgolfplatz der Welt.

Solche Superlative fallen den internationalen Kite- und Windsurfern auch ein, wenn sie den 15 Kilometer langen Strand zwischen der Landzunge von Mui Ne und dem Hafen von Phan Thiet beschreiben: Es ist schlicht ein Spitzenrevier, das sich inzwischen mit allen anderen asiatischen Surfparadiesen messen kann. Beide Sportarten, Golf und Surfen, kommen sich aber nicht ins Gehege. Denn wenn der eine anfängt, dann muss der andere aufhören. Das ist das Naturgesetz bei dieser Art von Sport, denn hier an der Küste weht ein konstanter Wind, der das Golfspielen, ganz bestimmt an Loch 9, manchmal unmöglich macht. Für die Surfer aber ist das zur gleichen Zeit eine enorme Herausforderung. Dann »downriden« sie an der Küste entlang mit einem starken, aber verlässlichen Wind im Rücken. Die Windrichtung ist »auflandig«, also von der See zur Küste. Diese konstante steife Brise bringt sie sicher von Mui Ne an den Strand von Phan Thiet direkt vor das »Novotel Coralia« mit dem Ocean Dunes Golf Club. Da stören sie niemanden, eher im Gegenteil: Denn es ist schon ein wunderschönes Bild, wenn am Nachmittag bei tief stehender Sonne bis zu 50 Kitesurfer

1 Im Ocean Dunes Golf Club – einer der schönsten Strandgolfplätze der Welt. **2** Marguerite, die Reinigungskuh, bei der Morgenschicht. **3** Vorbereitungen für die Sonnenanbeter. **4** Die Tradition geht nicht unter – die Jetskis ziehen schnell vorbei.

1

über die kräftigen Wellen anrocken und auf dem Strand vor dem Hotel ihre bunten Segel einfangen.
Die Golfer sitzen dann schon im Golfclub an der Bar und freuen sich auf einen windstillen Vormittag. Denn als ob der Wind den »jungen Wilden« genauso wie den »gesetzteren Herrschaften« eine Freude machen möchte, bläst er hier nie vor 9 Uhr morgens. Erst gegen 14 Uhr wird der Wind stärker – genügend Zeit für Loch 9. Am Nachmittag zeigt das »himmlische Kind« dann wieder, was es in den Backen hat. Bei Beginn der Golfsaison vor über einem Jahrzehnt kamen nur wenige Besucher in den Fischerort Phan Thiet. Überlaufen ist er auch heute noch nicht. Der kleine Hafen hat seine Ursprünglichkeit bewahrt, und es macht sehr viel Freude, nach einem Ausflug mit dem Fischerboot durch die enge Hafeneinfahrt zu fahren. Die Fischer sind entspannte Leute und äußerst unterhaltsam. Ihren mangelnden Sprachschatz in Englisch gleichen sie gerne mit den Händen aus. Besonders dann, wenn sie ihre geniale Manövertaktik zwischen Bojen, Polizeibooten und ihren Kollegen, den Fischern auf wackeligen Korbbooten, unter Beweis stellen. Bei dieser Variante von dem Spiel »Schiffe versenken« steuert der Fischer das Boot dann mit einem Fuß. Eine echt coole Angelegenheit, bei der man die Nerven bewahren muss. Mit zittrigen Händen klettert es sich schlecht über drei andere Boote, mit denen sich der wackere Hafenpirat die Kaimauer teilen muss. Der Fischmarkt von Phan Thiet ist gleich um die Ecke. Fragen ist nicht nötig, seine Duftwolke ist besser als jeder GPS-Navi. Die frischen Muscheln sind es, die so kräftig riechen, sagen die einen.

1 Sieben Uhr morgens, wenn die Touristen noch schlafen – der Fischmarkt von Phan Thiet in seiner ganzen Originalität ist hellwach. **2** Familiensache – alle packen an. **3** Eine runde Sache – Paddelkorb der Fischer. **4** Loch 9 – Traumgreen am Strand.

Nein! Nouc Mam, sagen die anderen und schieben nach, dass die Fischsoße aus Phan Thiet natürlich viel besser ist als die von der Insel Phu Quoc. Das mag man glauben, wenn die Qualität an der Intensität des Geruches gemessen wird.

Die Innenstadt ist richtig nett. Hier kann man völlig unbehelligt durch die kleinen offenen Läden streifen und einfach mal anschauen, was die Vietnamesen so treiben. Was sie kaufen, wie sie verhandeln, wie sie miteinander umgehen. In den Straßenrestaurants gibt es frischen Fisch und: »Tien, Tien, Tien«, den Schlachtruf des Geldes, hört man hier noch nicht zum Angriff auf die Reisekasse der fremden Gäste. Eher schon: »*Hey Mister! Yesterday, you paid too much for your pictures.*« Das ruft der Mann vom Fotoshop hinter einem Touristen her und wedelt grinsend mit 100 000 Dong. Jetzt wandern sie wieder zurück in die Tasche des glücklichen Touristen.

Phan Thiet – Golfplatz und Surfparadies

Sehenswürdigkeiten
Der ursprüngliche Fischmarkt von Phan Thiet mit seinen blau-weißen Booten. Die Start- und Landestrände der internationalen Kitesurf-Beachgirls und -boys, sie starten in Mui Ne und surfen bis Phan Thiet. Der wunderschöne Golfplatz Ocean Dunes, auch für Nichtgolfer ein toller Spaziergang. Die kleine nette Altstadt am Ca-Ty-Fluss.

Übernachten
Novotel Coralia Ocean Dunes Resort, 01 Ton Duc Thang St., Phan Thiet. Tel: 0084-62 822 393,
E-Mail: novpht@hcm.vnn.vn,
www.accorhotels-asia.com/asia

Essen und Trinken
In Phan Thiet sind nur wenige, aber hervorragende Restaurants, zum Beispiel das *Nam Thanh Lau,* dort gibt es den berühmten Fischtopf *lau* – allerdings auch ein kleines Problem: Bei ungünstiger Windrichtung schmälert der Geruch der Fischsoßen-Fabriken den Genuss. Weit von diesem Duft entfernt genießt man im *Sea Horse Restaurant* des Novotels seinen Thunfisch, Schwertfisch oder Scampi in exzellenter Atmosphäre mit Blick auf den Strand.

Besonders zu empfehlen
Frühmorgens ein Ausflug mit dem Fischerboot, wenn die Netze eingeholt werden – als Frühsport wird empfohlen: kräftig mitziehen. Das *Ho-Chi-Min-Museum* am Ufer des Ca Ty, es befasst sich mit den jungen Jahren des Freiheitskämpfers.

Auskunft
Golf Ocean Dunes Golfclub, 01 Ton Duc Thang St., Phan Thiet. Tel: 0084-62 822 393, E-Mail: novpht@hcm.vnn.vn, www.accorhotels-asia.com/asia
Exotissimo Travel Vietnam Co Ltd, Saigon Finance Center
9 Dinh Tien Hoang, District 1, *Ho-Chi-Minh-City*
Tel: 0084 8 825 17 23-283
E-Mail: pantanida@exotissimo.com,
www.exotissimo.com

1

2

3

4

Auszeit für Körper und Seele

Quy Nhon – Tai Chi und Yoga

»Es ist eine gefräßige Freude und macht eine schöne Betrunkenheit, die Sammlung meiner Erinnerung zu beleuchten. Die Landschaften, die ich durchquerte, haben die giftige Schönheit einer Blume der Leidenschaft.«

Han Mac Tu war in Vietnam ein bekannter Verfasser von Liebesgedichten des 20. Jahrhunderts. Die Schönheit und Einfachheit seiner Poesie machte ihn bis heute sehr beliebt, sein tragisches Schicksal dazu unvergessen: Der schöne junge Mann starb schon mit 28 Jahren an Lepra. Han Mac Tu fand unweit von Quy Nhon seine letzte Ruhestätte. Seine Poesie jedoch lebt weiter und der frühe Tod des Dichters hat ihr eine geheimnisvolle Reinheit gegeben. Aus einigen seiner Gedichte sind nachdenkliche Lieder geworden, die beschreiben, wie man eine wunderbare Energie aus sich selber ziehen kann. Denn nur der Frieden des Herzens wird zu einer neuen Kraftquelle.

Aber wie soll man Frieden und Kraftquellen finden auf einer erlebnisreichen Reise mit garantierter Vollbeschäftigung für alle Sinne? – Es gibt eine Möglichkeit, die man von den Vietnamesen lernen kann: abschalten, einfach abschalten, mitten in der Stadt, auf einem Stück Wiese, am Fluss, am See, am Strand. Dazu braucht man aber eine gewisse Übung und einige Grundkenntnisse über die Volksbewegung Nummer eins: Tai-Chi. Mit diesem besonders feinen, meditativen Bewegungstraining soll eine Entspannung der Muskeln erreicht werden, die neue Lebensenergie freisetzt. Westler tun sich zu Anfang ein bisschen schwer, denn sie können sich überhaupt nicht vorstellen, den Zugang zu ihrem Innersten in aller Öffentlichkeit zu trainieren. Sie fühlen sich bei Tai-Chi-Übungen unwohl und kommen sich ungelenk vor, weshalb sie die Langsamkeit der Bewegungen ganz schnell lernen wollen. Aber wenn diese Anfangseitelkeiten und der angeborene westliche Erfolgszwang überwunden sind, relativieren sich die äußeren Umstände zu einem absoluten Minimum – dann steht nur noch das eigene »Ich« im Vordergrund, und die Reise zu sich selbst hat begonnen.

Zu welchem Zeitpunkt man diesen aufregenden Ausflug einplanen sollte, ergibt sich manchmal schon rein geografisch durch den Verlauf der Route, für die man sich zu Beginn entschieden hat. Es kann der

1 Nähstunde im Nachbardorf. **2** Blütenzauber im Holzzuber. **3** Heißer Sand für die gestresste Seele – Schwitzbad in der Quarzsauna. **4** Harmonie zwischen Körper und Seele – harter Fels, weicher Sand, weites Meer – ein perfekter Platz für Tai-Chi.

1 Anfangsübung – beide Hände »hochschwimmen« lassen. 2 Gewicht nach hinten verlagern, zurückziehen und stoßen – ausatmen. 3 Arme seitwärts, Handrücken zum Körper drehen. 4 Eine runde Bewegung – Hände im Kreisbogen vom Körper wegdrehen. 5 Vor dem Frühstück auf die Matte – Yoga bei Sonnenaufgang. 6 Locker aus der Hüfte – der Lotossitz »Schmetterling«.

Abschluss vor dem Heimflug sein oder auch ein Stopp vor der Weiterreise in den Norden. Wie man es dreht oder wendet, der Anfangspunkt für die Auszeit liegt ziemlich genau in der Mitte von Vietnam.

Quy Nhon ist für die meisten ein unbedeutendes, kleines Fischernest an Vietnams lang gezogener südlicher Küste – etwa 230 Kilometer von Nha Trang und rund 350 Kilometer von Hoi An entfernt. Die beiden bekannten Orte mit ihren Verlockungen aus Sonne, Strand und Kultur rücken bei den meisten Reiseplanungen wegen ihres Bekanntheitsgrades einfach in den Vordergrund und drücken den hübschen Ort Quy Nhon an die Wand.

Doch das ist jetzt vorbei. Quy Nhon schließt zwischen den bekannten Orten eine Lücke auf der langen Strecke zwischen dem Süden und Zentralvietnam. Hier kann man ein paar Tage in völliger Ruhe seine Auszeit nehmen. Dazu ist in der abgeschlossenen Bucht mit zwei Stränden und wilden Felsformationen das »Quy Nhon Life Resort« entstanden. Es hat sich völlig auf Ruhe und innere Einkehr durch Tai-Chi und Yoga spezialisiert. Die Lehre von Feng-Shui – Wind und Wasser – ist dabei der philosophische Berater und Architekt dieser Anlage gewesen. Baumeister ist der Holländer Louk Lennaerts, er lebt schon zehn Jahre in Vietnam und hat seine persönlichen Erfahrungen mit der asiatischen Lebensweise konsequent umgesetzt. Louk sagt: »Die asiatische Weisheit: Man muss nur den Himmel und die Erde beobachten, um sich mit Feng-Shui, die Geister der Luft und des Wassers geneigt zu machen.« Das habe ich befolgt. Das Ergebnis ist eine Architektur der klaren Formen und Linien. Sie ist mit den sanft geschwungenen Bögen aus den Tempeln der Cham wohltuend vereint. Eine architektonische Verneigung vor dem untergegangenen Volk der Cham, die in der Gegend von Quy Nhon über Jahrhunderte ihre Hochkultur hatten. Wer dieses Ambiente bewusst in sich aufnehmen mag, spürt schon eine kleine Wirkung beim Durchschreiten des Eingangs und seiner offenen Halle. Wind umspielt die Flammen der Petroleumleuchten,

6

Wasser fließt in einem ewigen Strom in einen schmalen Marmorbach. Seine scharf gezeichneten, seitlichen Linien treffen sich am Horizont und wachsen in der Unendlichkeit zusammen. Das wirkt wie ein Versprechen: Hier, an diesem Ort, können Körper und Seele wieder zueinander finden.

Tai-Chi, Meditations- und Yoga-Kurse gehören dabei zum täglichen Programm, dafür stehen 16 Trainer zur Verfügung. Vier- und sechshändige Massagen treiben danach jeden Muskelkater aus dem reisemüden Körper und Mutige lassen sich gleich ganz »begraben«.

Die Quarzsandsauna ist der absolute Hit bei den gesundheitsbewussten Gästen. Den schneeweißen, superfeinen Sand dafür findet man nur einmal in Vietnam, in der Gegend von Cam Ranh, nicht weit von Nha Trang entfernt. Hier wird er abgebaut und in die Welt exportiert. In Sanduhren zum Eierkochen findet man ihn wieder oder nach der Sandsauna in Ohren, Nase und Mund. Ein Blüten-Ölbad danach ist die richtige Entscheidung für die finale Reinigung von Körper und Seele. Mehr geht dann auch nicht. Ein leichter Fisch vom Tagesfang der Nachbarn, einem kleinen Fischerdorf, beschließt die innere Einkehr.

1 Gelungene Symbiose aus Alt und Neu – der Eingang des »Life Resort« Quy Nhon. **2** Feng-Shui, chinesische Gartenkunst für die Gelassenheit von Gästen und Geistern. **3** Für zwei Herzen und Seelen im Gleichklang – romantisches Liebesbad aus Blütenduft und Kerzenschein. **4** Paradiesbucht mit Pool und Beach.

Ab sechs Uhr am nächsten Morgen kann man in Ruhe überlegen, ob man erst die Sinne oder sich selbst wecken möchte. Das eine geht mit Yoga, das andere wie gewohnt mit Kaffee in dem schönen offenen Restaurant. Aber so schön das Ambiente auch ist, irgendwann lockt das sanfte Rauschen der Nationalstraße 1. Sie lädt, ganz in der Nähe, mit einer nagelneuen, überbreiten Asphaltdecke zu Entdeckungen ein. Der Ausflug ist schnell organisiert, die freundlichen Rezeptionisten kennen die energiesprühenden Sturm- und Dranggefühle ausgeruhter Gäste. Bis in den Ort sind es nur zwölf Kilometer, auf dem letzten Teil der neuen Straße breitet sich die Landschaft vor Quy Nhon noch einmal aus, als wollte sie klarmacher, wer hier das Sagen hat. Der Blick von der Anhöhe auf die Halbinsel ist überwältigend. Bis kurz vor der Stadt breiten sich unberührte Strände aus. Das ganz normale Leben nimmt keine Notiz von neugierigen Besuchern. Die Normalität in dieser Stadt ist das Ereignis schlechthin.

Am Strand, direkt gegenüber dem einzigen staatlichen Luxushotel, landen die Fischer von Quy Nhon ihre Ware an. So prall gefüllte Netze, so viele verschiedene Sorten Meeresgetier sind auf der ganzen Reise nirgendwo zu sehen, und auch nicht, dass direkt neben den Booten gekocht wird. Die Tiefenwirkungen der Tai-Chi- und Yogaübungen werden zur Kraftquelle und überwinden zivilisationsbedingte Hemmungen. Natürlich dürfen sich »Langnasen« dazusetzen. Kind und Kegel drehen fleißig Spieße und wickeln Blätter für die Fremden. Grünen Tee gibt es auf »Flatrate« – ohne Ende, aber mit viel Eis. Es wird einer der schönsten Nachmittage an der südlichen Küste. In dem Gekreische am Strand und dem Ge-

rumpel und dem Gehupe von der nahen Straße bildet die bunte Gruppe um den dampfenden Herd eine kleine, uneinnehmbare Insel. Seltsam, es bleiben ähnliche Glücksgefühle im Bauch wie nach Tai-Chi und Yoga.

Das quirlige, bunte Markttreiben lockt ein paar Straßen weiter, ein Schild in der Nähe weckt die Vergangenheit dieser verschlafenen Stadt: *Off Limits*! Hier beginnt der Hafen, der als militärisches Sperrgebiet daran erinnert, dass Quy Nhon mit Da Nang, Nha Trang und Cam Ranh Bay einst zu den vier großen Marinebasen der Amerikaner gezählt hat. Ökotouren durch die Provinz Binh Dinh wirken da schon verlockender. Töpferfamilien und Reispapier-Fabrikanten verraten freundlich ihre Betriebsgeheimnisse. Das Tay-Son-Museum lockt heute nicht mehr, dafür aber die abendlichen Tai-Chi-Übungen zwischen den Felsen am Meer. Sie sind Programm geworden, den Frieden des Herzens zu finden, aus dem man eine wunderbare Energie ziehen kann.

Quy Nhon – Tai-Chi und Yoga

Sehenswürdigkeiten
Die Cham-Doppeltürme *Thap Doi*. Nicht weit von hier lag das religiöse und politische Zentrum des Champa-Reiches mit seiner nördlichen Hauptstadt Vijaya. Deswegen sind in dieser Gegend noch viele alte Überreste des einst mächtigen Volkes zu betrachten. Dazu gibt es noch ein kleines, nicht besonders feines Museum, das *Binh Dinh* in der Nguyen Hue, mit einigen schönen Exponaten.

Übernachten
Life Resort Quy Nhon, Ghenh Rang, Bai Dai Beach, Quy Nhon, Tel: 0084-56 840 132, E-Mail: quynhon@life-resorts.com, www.life-resorts.com

Essen und Trinken
Wer kein Frosch sein will, probiert Frosch. Köstlich gebraten und wunderbar gewürzt bei *Que Huong 2*, 185 Le Hong Phong. Die Auswahl von Seafood und Meeresfrüchten im Restaurant des *Life Resorts* ist auch nicht schlecht: Der frische Fang aus den Körben ist so appetitlich angerichtet, dass man nicht widerstehen kann. Der Chefkoch persönlich bespricht mit dem Gast die Art der Zubereitung. Ein kulinarisch-seelischer Genuss.

4

Besonders zu empfehlen
Den schönsten Blick auf die Halbinsel hat man von einer Anhöhe der neuen Nationalstraße. Der Besuch des Hafens lohnt sich auch aus nächster Nähe. Der Strand gehört den Fischern: Hier wird der frische Fang ausgebreitet, und nach einer langen Nacht auf See kochen die Frauen für ihre hungrigen Kapitäne und Matrosen an unzähligen offenen Feuerstellen – Fremde sind auch willkommen, frischeren Fisch bekommt man nirgendwo.

Auskunft
Life Resorts Development, Louk Lennaerts, 64/28 Pho Quang St., Ho-Chi-Minh-City. Tel: 0084-8 296 9883,
E-Mail: Lennaerts@life-resorts.com,
www.resort-creations.com
Exotissimo Travel Vietnam Co Ltd, Saigon Finance Center
9 Dinh Tien Hoang, District 1, *Ho-Chi-Minh-City*
Tel: 0084 8 825 17 23-283
E-Mail: pantanida@exotissimo.com,
www.exotissimo.com

1

2

3

4

Von Turm zu Turm

Das Geheimnis der Cham-Türme

Ehrenplatz für die Götter. Blutrillen für die Opfergaben. Drei Stockwerke für die Weisheiten des Lebens. Die heiligen Türme der Cham – Zeugnisse einer mystischen Kultur.

Fünf Türme zurück, fünf Türme vor Ort, sechs Türme nach vorne. Das ist der logistische Dreisatz, mit dem man sich auf eine Reise begeben kann, die von Quy Nhon bis nach Zentralvietnam von Cham-Turm zu Cham-Turm führen soll.

Entlang dieser Küste, an der heute die reizvollsten Urlaubsgebiete von Vietnam liegen, war auch das große Reich Champa, das hier über 1400 Jahre wachsen konnte. Mit jenem sagenumwobenen Volk, das sich in seiner ganzen Geschichte in Kriegen ähnlich behaupten musste wie die Vietnamesen in den letzten hundert Jahren. Trotzdem ergeben sich aus dieser historischen Übereinstimmung keine Gemeinsamkeiten, die für das heutige Zusammenleben in Vietnam von Bedeutung sind. Auf einer Reise von Turm zu Turm bekommt man einen Eindruck, wie groß das Reich der Cham in seiner Blütezeit war und was es bedeutet hat, so ein fruchtbares Land immer wieder verteidigen zu müssen. In seiner Gesamtgröße reichte es einmal vom Mekongdelta im Süden bis nach Dong Hoi im Norden.

Die Seefahrt im Südchinesischen Meer mit dem traditionellen Gewürzhandel und der geschickte Nassanbau von Reis schufen die wirtschaftliche Grundlage für die schnellen wirtschaftlichen Erfolge der Cham in dieser fruchtbaren Küstenregion. Das brachte nicht nur friedliche Handelspartner in ihr Reich, sondern auch Neider und Räuber. Ihre religiösen und kulturellen Eigenheiten passten wohl auch nicht so recht in die Landschaft. Die Cham pflegten ihren Glauben an wandernde Seelen und Schamanen mit hinduistischen und buddhistischen Prägungen aus Indien. Der Hindugott Shiva, der Herrscher über alles Irdische, stand dabei an der Spitze ihrer Weltanschauung. So errichteten die Cham vor mehr als tausend Jahren die Tempel von Po Nagar auch zu Ehren Shivas. Das brachte die Khmer auf den Plan und leitete einen endlosen Kampf um die Vormachtstellung in Indochina ein. Lange waren die Cham diesen wütenden Angriffen nicht gewachsen. Im 14. Jahrhundert konnten sie nur noch wenig Widerstand leisten, im 15. Jahrhundert

1 Die schönsten Cham-Türme bei Phan Rang. **2** Ordnungshüter und Schlangenbeschwörer – der Wächter von My Son. **3** 3000 Jahre Kultur zum Anfassen, das Cham-Museum in Da Nang. **4** Mehr als 70 Tempel, die Reste einer Hochkultur – My Son.

wurden die Cham dann endgültig besiegt. Die Fürsten von Hue zerstörten die Überreste ihres stolzen Reiches. Viele Ruinen vermodern seitdem unter dem wuchernden Dschungel, nur das alte Heiligtum My Son ist wieder freigelegt worden. Die Cham-Türme allerdings recken sich noch stolz über die Landschaft, als wollten sie mit aller Macht Zeugnis ablegen von dem großen Reich, dessen Mahnmale sie einmal gewesen sind.
Viele von ihnen befinden sich in einem guten Zustand und sind gefahrlos zugänglich. Einige der Türme sind mit Bambus eingerüstet und werden aufwendig renoviert. Interessant wird es, wenn man sich von den vietnamesischen Restauratoren die Pläne zeigen lässt. Dann bekommt man einen genauen Überblick, wie die Türme ausgesehen haben und was alles neu gemacht wurde. Die Restauratoren arbeiten sehr geschickt mit ähnlichen Techniken wie die Cham in früherer Zeit. Das Geheimnis, wie die Ziegel ohne Mörtel zusammengefügt wurden, haben sie allerdings auch noch nicht gelöst. Manche vermuten Baumharz als frühgeschichtlichen Superkleber dahinter. Wie sie es jetzt bei der Renovierung machen, das verraten die Restauratoren allerdings auch nicht.
Höhepunkte dieser Reise von Turm zu Turm sind auf jeden Fall das Tal von My Son und das Cham-Museum in Da Nang. Zusammen ergibt das einen umfassenden Überblick über diese versunkene Kultur, die trotz aufschlussreicher Funde und einer Schrift, die man inzwischen deuten kann, sehr viele Rätsel aufgibt und von Geheimnissen umwoben bleibt.

1 Erbe der Cham-Kultur – Restaurierung in Phan Rang. **2** Indische Mythologie – das Cham-Museum. **3** Rätselhaft, die Schrift der Cham. **4** Regenzeit – Kulturzeit, Cham-Museum in Da Nang.

Die Tempelstadt My Son ist von Hoi An aus sehr gut zu erreichen. Wer sich dem Zauber dieser Ruinen hingeben will, sollte allerdings nicht mit dem Bus am frühen Morgen fahren. Der Nachmittag ist die bessere Wahl und ein guter Guide mit einem Fahrer lohnt sich bestimmt. Die Wärter von My Son sind auf jeden Fall entspannter, wenn der große Ansturm vorbei ist. Dann sind sie auch für kleine Sonderleistungen zu haben. Man kann dann schon mal hinter eine Absperrung oder auf eine Mauer klettern – fürs ultimative Panoramafoto – ob digital oder analog. Die Währung ist der Dollar.
In der Ausstellungshalle sind einige sehr gute Cham-Skulpturen zu bewundern, rostige Granathülsen allerdings auch. Die Amerikaner hatten in ihrer verzweifelten Wut über die Vietcong, die sich in den Ruinen von My Son versteckten, das ganze Tal mit Bomben regelrecht zugeschmissen. Ein Teil der Tempel wurde in wenigen Tagen zu Staub – die Vietcong kämpften dennoch weiter. Wenn nicht namhafte Wissenschaftler der ganzen Welt beim amerikanischen Präsidenten interveniert hätten, wäre auch der Rest durch Bomben plattgemacht worden. Heute stehen die Ruinen der Ruinen als Kulturdenkmal unter dem Schutz der UNESCO – und die Granathülsen als Mahnung zwischen den Skulpturen.

Das Geheimnis der Cham-Türme

Sehenswürdigkeiten
Die größten und deshalb aufschlussreichsten Reste der Cham-Kultur, auf der Strecke zwischen Quy Nhon und Da Nang, sind in der *Tempelstadt My Son* zu betrachten. Der Rundgang durch diese Ruinen macht vorstellbar, welch mächtiges Reich es einmal gewesen sein muss. Ein guter Abschluss zu diesem Teil der langen Geschichte Vietnams ist der Besuch im ausgezeichneten *Cham-Museum* in Da Nang. Diese international anerkannte Ausstellung war auch schon mehrmals im Ausland, zuletzt in Paris.

Übernachten
Bei dieser Tagesfahrt entlang der sehr gut ausgebauten A1 ist keine Übernachtung vorgesehen. Selbst wenn man viel fotografiert und mehrere Stopps einlegt, ist diese Strecke in etwa sechs Autostunden zu fahren.

4

Essen und Trinken
Am besten vertraut man sich dem Tourenguide und dem Fahrer an; für den kleinen Hunger unterwegs hat das Team immer etwas dabei. Für den, der lieber gemütlich und ausführlich essen gehen möchte, gibt es auf dieser belebten Strecke genügend Restaurants und Raststätten. Allerdings sollte man sich nicht von der Größe des Restaurants anlocken lassen. Auch hier gilt wie so oft: weniger oder kleiner ist mehr. In den kleinen Familienrestaurants ist der Gast noch König.

Besonders zu empfehlen
– oder auch nicht: *My Lay*. Der Ort, an dem am 16. März 1968 das schlimmste Massaker in der Geschichte des Vietnamkrieges stattfand. Der Gedächtnispark ist inzwischen ein Ort der Stille geworden, von Vergeltungspropaganda ist kaum noch etwas zu spüren – den Besuch sollte jeder für sich selber entscheiden.

Auskunft
Die Strecke zwischen *Quy Nhon* und *Da Nang* kann allerdings auch geflogen werden. Der Besuch der Cham-Türme in My Son kann einfach von Da Nang oder Hoi An aus gemacht werden. Von Quy Nhon gehen die Flüge dreimal die Woche, nach Saigon jeden Tag. Vietnam Airlines, 2 Duong Ly Thuong Kiet, 056 823 125.

Mondscheinfest in Hoi An – Lyrik, Lichter und Gesänge. Einmal im Monat erfüllt poetischer Zauber die Stadt

Das Reich der Mitte

Drei Orte mit Vergangenheit – Da Nang, Hoi An, Hue

ĐỘNG HUYỀN KHÔNG
ĐỘNG HOA NGHIÊM
ĐỘNG LINH NHAM
ĐỘNG TÀNG CHƠN
TAM TÔN ĐƯỜNG
CHÙA TAM THAI
CHÙA LINH ỨNG
VỌNG
GIANG ĐÀI
NHÀ
PHƯƠNG TRƯỢNG
VỌNG HẢI ĐÀI
ĐỘNG
VÂN THÔNG
ĐƯỜNG VÀO B
ĐƯỜNG VÀO A
1

2

3

4

Liebe auf den zweiten Blick

Da Nang – Zentralvietnam

Wenn man sich gelegentlich, völlig ohne Erwartungen, auf banale Dinge einlässt, bekommt man plötzlich unerwartete Einblicke und weitreichende Ausblicke in den vietnamesischen Alltag in Vietnams drittgrößter Hafenstadt.

Da lang«, sagt der ältere Herr am Flugplatz von Da Nang und zeigt in Richtung Innenstadt. »Am Fluss ist der schönste Markt, dort spielt sich das Leben ab.« Herr Thien sagt »da lang« und nicht »Da Nang«. Herr Thien weiß, was er sagt, er spricht Deutsch und ist sich der witzigen Werbewirkung seiner deutschen Worte bewusst. Man sollte einfach mal hier bleiben, meint er, und nicht gleich nach Hoi An und Hue, den Touristenhochburgen, weiterfahren. Das ganz normale Leben in seiner vietnamesischen Heimatstadt hat auch seine Reize. Na gut, Herr Thien, Marmorberge, Cham-Museum, China-Beach und das Furama Hotel können warten. Aber schnell noch eine Erklärung für das gute Englisch und die paar Brocken Deutsch: Nguyen van Thien hat hier in Da Nang, dem damals größten Stützpunkt der Amerikaner, lange als Motorradkurier gearbeitet. Damit konnte er seine Familie ernähren und Englisch bei den Amerikanern lernen. Die deutschen Floskeln lernte er von seinem Nachbarn. Der war lange *behind the wall* in Deutschland. Dabei grinst der mindestens 70-Jährige doppeldeutig bis über beide Ohren und startet sein Kurierfahrzeug von damals – einen Motorroller, Baujahr 1964. Den hat er am 29. März 1975 vor den Nordvietnamesen versteckt, als die Stadt übernommen wurde. Danach musste Thien erst mal wieder Vietnamesisch lernen. Intensivkurs: Das große Alphabet der neuen Regierung in Hanoi.
Herr Thien ist ein Teil der Geschichte dieser Stadt und die ist inzwischen wieder lebendig geworden: liberal, bunt, aufgeschlossen – mit einem regen internationalen Geschäftsleben. Fremde bewegen sich völlig unbehelligt von irgendwelchen »Hey-Mister«-Angeboten durch die Gassen. So können sie das Leben auf den Märkten und in der Altstadt genießen. Die lange Uferpromenade lädt zum Bummeln ein. Dort sind einige Restaurantschiffe und Hotels. Das »Bach-Dang«-Hotel ist das netteste. Es ist nicht neu, hat ein bisschen sozialistischen Charme, aber das Personal ist sehr liebenswert und die Aussicht auf den Han-Fluss spannend. Alle Wege kann man

1 Wege zu den fünf Marmorbergen. **2** Friedliche Eroberung, die China-Beach gehört den Schulkindern. **3** »Bay-watch« auf Vietnamesisch für Schwimmer und Surfer. **4** Aug' in Aug' vor 40 Jahren – Amibunker und Vietcongversteck: China-Beach und Marmorberge.

1

2

3

I Marmor für die Welt, Steinbruch für Buddhafiguren und Nippes. **2** Natur mit Durchblick, löchrige Felsen der Marmorberge. **3** Furama Resort, Luxus aus Tradition. **4** Asiatische Gelassenheit. **5** Empfangskommitee »Furama«. **6** Beach-Apartement.

von hier aus zu Fuß erledigen. Allerdings stehen vor dem Hotel auch noch die klassischen Cyclos. Die Fahrer sind zuverlässig, man kann sich mit ihnen verabreden. Zum Beispiel für einen Besuch im Cham-Museum, gewissermaßen als Abschluss der ausführlichen Beschäftigung mit dieser Kultur. Das Museum wurde schon 1916 von den Franzosen in der Villa am Han-Fluss eingerichtet. Es zeigt die umfangreichste Sammlung der künstlerischen Darstellungen der Cham aus der Zeit vom 4. bis zum 12. Jahrhundert.

Auf der anderen Seite des Flusses stehen Moc, Hoa, Thoa, Kim und Thuy – die Marmorberge mit ihren Namen für die fünf Grundelemente der chinesischen Lehre über die Entstehung des Weltalls: Holz, Feuer, Erde, Metall und Wasser. Eine Legende erzählt, dass hier ein Drachen aus dem Ei gekrochen ist und die Teile seiner Eierschalen zu den Marmorbergen wurden. Von oben, aus 100 Metern Höhe betrachtet, sehen diese Felsformationen und die umliegende Landschaft noch beeindruckender aus. Über tausend ausgetretene Steinstufen warten auf die Besteigung. Auf halber Höhe, in der Nähe des Tham-Thai-Klosters, findet sich Platz zum Ausruhen. Nur noch ein paar Meter weiter, dann folgt die Belohnung durch eine

4

einmalige Aussicht auf das Südchinesische Meer und die anderen vier Marmorberge. Kaum sichtbare Spalten führen in das Innere der Felsen. Höhlen mit teilweise gigantischen Ausmaßen tun sich auf. Die größte ist die Huyen-Kong-Höhle mit ihren buddhistischen Schreinen. Einmal am Tag werden sie durch Felslöcher mit einem hochdramatischen Sonnenlicht bestrahlt.
Am Fuße der Berge hämmern und sägen die Steinmetze, und das machen sie mit ihren manchmal recht eigenwilligen Kreationen nicht nur für Touristen. Schon seit dem 15. Jahrhundert bearbeiten sie den weißen, grauen und rosafarbenen Marmor zu dicken Buddhas und dünnen Seejungfrauen.
Schon lange gehört My Khe, der berühmteste Strand von Da Nang, wieder den Einheimischen. Frühmorgens treffen sich hier die sportbegeisterten Vietnamesen. Im Gegenlicht der grellen Morgensonne erinnert der Turm der Wasserwacht für eine Sekunde an die Beobachtungstürme der Amerikaner, die hier an der sogenannten »China-Beach« standen, damit den surfenden Marines nichts passierte. Heute ist der Strand wieder unter Kontrolle: Von Schulkindern aus dem ganzen Land, die hierher ihre Klassenreisen machen. Drei Kilometer weiter am gleichen Strand liegt das Furama Resort. Es war vor über 15 Jahren das erste Luxushotel Vietnams mit fünf Sternen. Sechsmal wurde es zum besten Hotel Vietnams gewählt. Bis heute hat es diesen legendären Ruf behalten.

Da Nang – Zentralvietnam

Sehenswürdigkeiten
Die lange Uferpromenade *Bach Dang*, mit ihren Frühsportlern und Tai-Chi-Jüngern. – Der zentrale *Han-Markt* am Han-Fluss. – Das *Cham-Museum* in der alten französischen Villa in der Nähe des Han-Flusses. – Der *Cao-Dai-Tempel*, 63 Hai Phong; er steht in seiner Bedeutung gleich hinter dem Tempel in Thay Ninh.

Übernachten
Furama Resort Danang, 68 Ho Xuan Huong St., Da Nang. Das erste Fünf-Sterne-Hotel in Vietnam, 1996. Mit exzellentem Ambiente und sehr gemütlichen Zimmern, viele davon haben direkten Zugang zum Strand, dort kann man sich sicher fühlen: Das Personal passt sehr genau auf, was im Wasser passiert. Tel: 0084-511 847 888 oder: 847 333, E-Mail: furamadn@hn.vnn.vn, www.furamavietnam.com
Bach Dang Hotel, 50 Duong Bach Dang, Da Nang. Sehr freundliches vietnamesisches Businesshotel mit Blick auf den Fluss. Vor dem Haus stehen freundliche Cyclofahrer, die

einen fairen Preis machen. Tel: 0084-511 823 649, E-Mail: bdhotel@dng.vnn.vn

Essen und Trinken
Indochine Garden Restaurant, 18 Duong Tran Phu, Tel: 0084-511 887 007. Vietnamesische und französische Gerichte in einem gepflegten Garten. Geheimtipp: Pils frisch vom Faß. Das Da Nang Export zischt in kleinen Kneipen am Ende der Phan Chu Trinh in der Nähe vom Cham-Museum.

Besonders zu empfehlen
Ein Spaziergang an der sogenannten »China-Beach«, hier machten sich die Marines fit für ihren Einsatz. Ein Ausflug zu den mystischen Marmorbergen mit einer Wanderung treppauf treppab und von Höhle zu Höhle. Die Buddhafabrik am Fuße der Berge, hier arbeiten Steinmetze seit Jahrhunderten.

Auskunft
Exotissimo Travel Vietnam Co Ltd, Saigon Finance Center
9 Dinh Tien Hoang, District 1, *Ho-Chi-Minh-City*
Tel: 0084 8 825 17 23-283
E-Mail: pantanida@exotissimo.com,
www.exotissimo.com
Asia Explore, 87 Nghia Thuc St., Tel: 0084-8 21 23 133 – 92 42 092, E-Mail: asia-explore@vnn.vn, www.asia-explore.vn

1

2

3

4

Zeitreise durch eine Kleinstadt

Hoi An – 500 Jahre lebendige Geschichte

Ganz gleich, wo man sich in Hoi An bewegt, es ist immer eine Wanderung zwischen den Welten, Zeiten und Kulturen. Keine Stadt in Vietnam hat eine so übersichtliche, multikulturelle Vergangenheit wie Hoi An.

Drei Straßen, drei Häuser, drei Stunden – das ist schon fast ein unmoralisches Angebot für die zauberhafteste Stadtschönheit von Vietnam. Es wäre das kürzeste und deswegen auch das schmerzhafteste Rendezvous, auf das man sich mit Hoi An, dieser Perle an der Mündung des Thu-Bon-Flusses, einlassen kann. Und das sollte man nur, wenn nichts anderes geht. Ein Tag und eine Nacht Aufmerksamkeit, das hat sie mindestens verdient.

Aber selbst eine Stippvisite durch die Altstadt hinterlässt schon so viele Eindrücke, dass man sofort versteht, was das Flair und die Einmaligkeit dieser Stadt ausmacht. Auf der kurzen Strecke zwischen dem Fischmarkt und der Japanischen Brücke bewegt man sich wie auf einer Zeitreise durch die vielseitige Geschichte dieser Stadt. Jedes Haus, jeder Tempel legt noch heute Zeugnis von seiner Bedeutung für den Welthandel zwischen China, Japan und später auch Portugal ab. Durch die Anerkennung von Hoi An als ihr asiatisches Handelszentrum durften sich vor allem Chinesen und Japaner in besonderen Quartieren mit ihren eigenen Gouverneursverwaltungen niederlassen. Die überdachte Japanische Brücke, das heutige inoffizielle Wahrzeichen von Hoi An, war die Verbindung zwischen beiden Vierteln.

Für viele Zugereiste, die als Kaufleute und Händler tätig waren, wurde Hoi An über Jahrhunderte hinweg zu einer zweiten Heimat, vor allem für die Chinesen. Durch ihren sozialen Zusammenhalt und ihr kulturelles Leben wurde die Kleinstadt stark geprägt. Zusätzliche Impulse gab es, als die Portugiesen Mitte des 16. Jahrhunderts durch den Thu-Bon-Fluss in den Hafen von Hoi An segelten. Die Europäer fügten sich in die kaufmännische Allianz der Vietnamesen ein und durften fortan mit Erlaubnis der Fürsten von Hue Gewürze, Kräuter, Öle und Heilpflanzen sowie Porzellan und Seide für die europäischen Märkte einkaufen. Diese letzte Blütezeit von Hoi An überdauerte nur einige Generationen. Sie verlief buchstäblich im Sande – durch Verschlammung wurde die Mündung des Flusses immer kleiner, die modernen Segelschiffe wurden dagegen

1 Phuong und Freundin, zwei Schulmädchen aus Hoi An. **2** Fashion und old Fashion, Schneidergasse. **3** Hier dreht sich alles um den guten Ton, Töpferdorf am Thu-Bon-Fluss. **4** Galerie, Gasthaus und Garküche – Abendessen bei einer geschäftigen Familie.

1 Verkaufen ist Nebensache – Schwätzchengallerie der Maler. **2** Japanische Brücke – an Touristen geht das ganz normale Leben vorbei. **3** Im Hinterhof der chinesischen Versammlungshalle. **4** Der alte Mann und die Tür – zum Schrein nur mit Schein.

immer größer. Sie ankerten bald vor der benachbarten Hafenstadt Da Nang. Dort hatte die Zukunft mehr als »eine Handbreit Wasser unter dem Kiel«. Das war das Ende einer aufregenden Epoche für die kleine Stadt Hoi An.

Heute legen im Hafenbecken von Hoi An nur noch Sampans und Fischerboote an der alten Kaimauer an. Die meisten schon sehr früh, vor Sonnenaufgang. Dann wird der frische Nachtfang ausgeladen und auf dem Fischmarkt feilgeboten. Er ist einer der schönsten Märkte in Vietnam und trotz der tapferen Touristen, die sich mutig zwischen den glitschigen Meeresfrüchten, Fröschen und Krebsen mit ihren Kameras durchkämpfen, von großer Originalität, mit allen Szenen, die das vietnamesische Leben zu bieten hat. Trotzdem sind die selbstbewussten Marktfrauen durch das Fotografieren und Filmen selten genervt. Ein fragendes Lächeln vorher sehen sie aber gerne. Dann zeigen sie ihren ganzen Charme und wischen sich, mit von Fischschuppen übersäten Händen, noch schnell ein paar Haare aus dem Gesicht. Wenn ein Fotograf mal ganz oben in der Gunst der Fischfrauen von Hoi An stehen möchte, dann sollte er am Abend ein paar Abzüge der schönsten Fotos vorbeibringen. Dann ist er ganz sicher für einen Moment die »Number one« von Hoi An. Zwei Straßen aufwärts erreicht man die Tran Phu, es ist eine von den drei Straßen, die zwischen Touristen und Einheimischen das bunteste, ganz normale Leben in der Altstadt zeigen. Hier in den

Galerien mit chinesischer Lackkunst und vietnamesischer Malerei bekommt man einen Eindruck von der vielseitigen Kreativität der Künstler von Hoi An. Die berühmteste Spezialität steht allerdings in vielen Variationen vor den offenen Läden. Es sind die Kleiderpuppen der »tapferen Schneiderlein«. In vielen modischen Variationen und Farben versuchen die vietnamesischen Couturiers den Geschmack der europäischen Modeszene zu treffen – das klappt zwar nicht immer haargenau – aber es weckt die Lust des Fremden auf neue Kleider und die gibt es maßgefertigt innerhalb von 24 Stunden. Am Ende der Tran Phu steht die Versammlungshalle der Kanton-Chinesen mit dem satt blickenden Wohlstandskarpfen *Ca Chep*, der sich nach langer Überlegung doch lieber in einen unsterblichen, klugen Drachen verwandeln möchte. Der Karpfen will damit zu verstehen geben, dass jeder Mensch sein Leben selber gestalten sollte, jeder seines Glückes Schmied ist.

Am Ende der Straße überspannt die Japanische Brücke in der dritten oder vierten Bauversion einen versumpften Seitenarm des Thu Bon. Hochwasser oder Taifune haben sie wiederholt fortgespült; die jetzige Ausgabe ist aus der Mitte des 17. Jahrhunderts. Mehr als 800 Gebäude der traditionellen Versammlungshallen, Pagoden, Lagerhäuser und Wohnhäuser sind bis heute im Original erhalten geblieben, viele von ihnen können besichtigt werden. 1999 wurde der gesamte historische Innenstadtkern von der UNESCO zum Weltkulturerbe erhoben. Das bewahrt diese unersetzlichen, meistens bewohnten Kulturdenkmäler natürlich für die Zukunft, aber das beschützende Prädikat zieht auch immer mehr Touristen in dieses einmalige Freilichtmuseum Hoi An. Die Bewohner haben sich inzwischen darauf eingestellt. Mit asiatischer Gelassenheit ist jeder bei ihnen willkommen. Auch wenn Touristen ihre Langnasen zu forsch in fremde Wohnzimmer reinstecken, gibt es selten schlechte Stimmung – Vietnamesen sind nun mal gesellige Menschen. Besser ist es natürlich, an der Haustür zu warten und den kleinen Dollarpreis zu zahlen, der dort für die Besichtigung verlangt wird. Dafür gibt es dann auch eine exzellente Führung durch ein privates, historisches Haus. Westliche Seelen haben allerdings oft ein Problem damit. Sie tun sich schwer, ein bewohntes Haus zu besichtigen, in dem Kinder in der Ecke toben und alte Herrschaften aus dem Sessel grüßen. Die sehen den Besuch der Fremden allerdings lockerer, sie freuen sich sogar über ihr Interesse an ihrer Lebensweise und über die Abwechslung.

Eine ganz andere Sichtweise bekommt man auf der anderen Seite des antiken Hafenbeckens. Über zwei Brücken ist es leicht zu errei-

1

2

3

Junger Mann, älterer Herr

Genau 40 Jahre nach der ersten Aufnahme am gleichen Ort, in dem Hafenbecken von Hoi An. Vom Alter her könnte es der gleiche Fährman sein wie damals, 1967 war der Junge vielleicht zwölf Jahre alt, der ältere Herr 2007 etwa 52 Jahre. Ob der Junge sich wohl auf dem Foto erkennen würde? Die Häuser jedenfalls, die sind immer noch wiederzuerkennen. Die ganze Stadt ist seit 1999 von der UNESCO unter Denkmalschutz gestellt worden und die Häuser werden liebevoll restauriert.

1 Blick zurück, Hoi An 1967, Stadt im Krieg. Was ist aus dem Jungen geworden? **2** Blick nach vorn, Hoi An 2007. Dieser Fährmann hat den Krieg überlebt. **3** Die Japanische Brücke aus der Perspektive der Fischer. **4** Jenseits der Touristenpfade: Zum Piepen – Tonflöten frisch gebrannt. **5** Ich-AG – der Dokumenteneinschweißer. **6** Mutprobe – die Monkeybridge. **7** Handwerk wie vor hundert Jahren – die Schiffsbauer von Hoi An.

6

7

1 Sahnestückchen, das Café Vienna. **2** Herzlich willkommen, die Rezeption. **3** Wohlfühlen im Kolonialstil, das Haupthaus vom »Life Resort«. **4** Pudelwohl im Swimmingpool – Hotel Hoi An Trails. **5** Zimmer mit Poolblick. **6** Abhängen im Garten des »Ha An«.

chen. Von dort präsentiert sich die Uferstraße Bach Dang in ihrer ganzen Schönheit. Aus der Distanz fällt es noch leichter, sich die Pracht vergangener Jahrhunderte vorzustellen: Viel anders kann es damals nicht ausgesehen haben. Besonders diese Häuser am Wasser haben eine lange Historie und sind nie verändert worden. Und wenn man schon mal drüben ist, sollte man den Ausflug auf dieser Seite von Hoi An fortsetzen. Dort erlebt man eine andere Welt, unberührt vom Tourismus geht das vietnamesische Leben seinen normalen Gang. Die Fischer flechten ihre Netze, auf den Werften werden riesige Holznägel in die Planken der blauen Boote getrieben. Die fragile Bambusbrücke zur Fähre schaukelt langsam im Abendwind. Und wenn man Glück hat, strahlt ein warmes Licht über den Fluss und spiegelt sich tausendfach in seinem Wasser, dann ist Laternenfest in Hoi An.

Am Vorabend des Vollmondes leuchten in Hoi An Lampions und Kerzen in allen Fenstern und Läden. Der beginnende Vollmond muss würdig begrüßt und fröhlich gestimmt werden. Das geht am besten mit Licht, mit ganz viel Licht. Im alten Hafen schwimmen Hunderte von Kerzenschiffchen, in den Gassen wird getanzt und Theater gespielt, die Häuser flackern im Kerzenschein, davor sitzen ihre Menschen und machen das, was sie am liebsten tun: zusammen essen und reden.

Bis zum weißen Strand von Hoi An sind es nur noch fünf Kilometer. Dorthin, nach Cua Dai, kommt man gut mit dem Fahrrad, Moped

oder den Shuttlebussen der Hotels. Eine kleine Bootsfahrt vom Hafen bis zur Mündung des Flusses lohnt sich auch. Wer sich etwas ganz Besonderes gönnen will, der geht zum letzten Haus vor der Cam-Nam-Brücke, dort wohnt eine ältere Frau. Sie rudert mit einem Sampan zum Meer und singt dabei wunderschöne vietnamesische Liebeslieder.

Hoi An – 500 Jahre lebendige Geschichte

Sehenswürdigkeiten
Das magische Dreieck der Geschichte von Hoi An liegt zwischen dem Fischmarkt am Thu-Bon-Fluss, über die Tran Phu bis zur Japanischen Brücke und zurück über die Bach Dang bis zur Cam-Nam-Brücke. Hier findet der Besucher sehr viel von den Kunstfertigkeiten aus dem täglichen Leben dieser geschichtsträchtigen Stadt: Galerien, Malereien, Holzschnitzereien, Gold- und Silberschmieden – zwischen Touristenkitsch und vietnamesischer Handwerkskunst.

Übernachten
Life Resort Hoi An, 1 Pham Hong Thai St., Hoi An. Die edle Hotelanlage liegt in einem Palmenhain im Herzen der alten Stadt direkt am Fluss. Tel: 0084-51 914 555,
E-Mail: hoian@life-resorts.com, www.life-resorts.com
Hoi An Trails Resort, 276 Cua Dai Road, Hoi An. Zwischen Strand und Stadt, abseits des Trubels, aber nahe dran: eine gepflegte Anlage mit gemütlichen Zimmern.
Tel: 0084-51 923 999, E-Mail: resa@hoiantrailsresort.com.vn, www.hoiantrailsresort.com.vn

6

Essen und Trinken
Das *»Ha An«*, 6–8 Phan Boi Chau St., hat eine wunderschöne Terrasse, auf der genießt man die speziellen Gerichte aus der Gegend von Hoi An. Am Flussufer im *Life Resort* gibt es neben den vietnamesischen Spezialitäten auch internationale Küche für höchste Ansprüche.

Besonders zu empfehlen
Ausflug mit dem gemieteten Moped an den weißen Strand von *Cua Dai* und in die ländliche Umgebung von Hoi An.
Fotolabor Truong Thanh, 11 Le Loi, Hoi An. Exzellentes Labor für Daten und Filmbearbeitung, faire Preise in einer Touristenhochburg. Tel: 0084-51 910 215,
E-Mail: quangminhlt@gmail.com

Auskunft
Asia Explore, 87 Nghia Thuc St., Tel: 0084-8 21 23 133
or: 92 42 092, E-Mail: asia-explore@vnn.vn,
www.asia-explore.vn
Exotissimo Travel Vietnam Co Ltd, Saigon Finance Center
9 Dinh Tien Hoang, District 1, *Ho-Chi-Minh-City*
Tel: 0084 8 825 17 23-283
E-Mail: pantanida@exotissimo.com,
www.exotissimo.com

1

2

3

4

Entlang der Mandarinstraße

Der Wolkenpass und Hue

Der 500 Meter hohe Hai-Van-Pass zwischen Da Nang und Hue ist nicht nur die Wetterscheide und Klimagrenze zwischen Süd- und Nordvietnam, sondern hier scheiden sich auch die Geister: Der Wolkenpass ist ebenso eine Grenzlinie für die verschiedenen Temperamente aus Nord und Süd.

Zum Glück ist schlechtes Wetter angesagt. Eine gute Aussicht für einen interessanten Ausflug in die Berge. Den Wolkenpass, die 500 Meter hohe Straße zwischen Da Nang und Hue, sollte man nicht im strahlenden Sonnenschein überqueren – und dafür stehen die Chancen oft gut: Die Passhöhe ist meist von Wolken umhüllt und der böige Wind, der von den 1000 Meter hohen Ausläufern des Truong-Son-Gebirges herunterfällt, treibt nette Spielchen mit ihnen. Mal türmt er sie auf zu steilen Gebilden, mal schiebt er sie über den Asphalt wie eine dicke Nebelbank. Dann wieder gibt er mit einer kräftigen Böe den Blick frei auf die Bucht von Da Nang oder in die andere Richtung auf die Halbinsel Lang Co. Ein herrliches Schauspiel, das nie vergeht.

Wie eine hohe Mauer verhindert der lange Gebirgszug den Austausch warmer und kalter Luft an den flachen Küstenregionen. Das macht den Hai-Van-Pass zu einer mächtigen Wetterküche zwischen dem tropischen Süden und dem subtropischen Norden Vietnams. Ein Panoramablick vom höchsten Punkt erlaubt einen Überblick in beide Richtungen. Der Weg dahin führt entlang der verfallenen Befestigungsmauern und Bunker aus den letzten Kriegen über eine Treppe zum Gipfel. Von hier oben wird auch schnell deutlich, welche strategische Bedeutung dieser Pass über viele Jahrhunderte hinweg hatte. Vor 200 Jahren wurde er zur ersten durchgehenden Straßenverbindung zwischen Saigon und Hanoi ausgebaut. Den Abschnitt zwischen Da Nang und Hue nannte man wegen seiner Schönheit »die Straße der Mandarine«.

Bei der Ankunft in Hue ist es bedeckt – wie so oft. Mit seinen dunklen Mauern, seiner schwarzen Zitadelle, seinen Kaiserpalästen und -gräbern liegt Hue da, als sei in dieser historischen Hauptstadt Vietnams Staatstrauer angeordnet worden.

Bonjour Tristesse, bonjour Hue, du schwermütige Stadt am »Fluss der Wohlgerüche«, kannst du auch anders sein? Sicher, die reizvolle Stadt zwischen Hügeln und Reisfeldern kann es – trotz ihres Erbes,

1 Hai Van, der Wolkenpass zwischen Da Nang und Hue. **2** Ein beliebtes Motiv für Maler und Fotografen: die Ao-Dai-Schönheiten von Hue. **3** Lang Co, Halbinsel am Wolkenpass. **4** Vergangenheit und Zukunft liegen eng beeinander: Frühsport am Flaggenturm.

1

2

3

1 Das Kaisergrab von Tu Duc (1829–1883), er mochte keine Ausländer, jetzt kommen sie in Scharen. **2** Thien Mu (17. Jh.), Pagode der himmlischen Frau, Wahrzeichen von Hue. **3** Grabmal von Kaiser Minh Mang (1791–1841). **4** Kaiserpalast. **5** Tor zum Grabmal von Kaiser Minh Mang. **6** Heiliges Wasser.

das der depressive Kaiser Tu Duc hinterlassen hat. Er, der 36 Jahre, länger als jeder andere, regiert hat, prägte als »trauriger Kaiser« von Hue mit seinen melancholischen Gedichten den Ruf dieser Stadt. Zur Hypothek der Schwermütigkeit, die diese Stadt mit sich

6

herumtragen muss, kommt die ständige Präsenz der Macht aus nächster Nähe hinzu. Über Jahrhunderte regierten 13 Kaiser der Nguyen-Dynastie mit einem feudalen Hofstaat chinesischer Prägung aus der Mitte von Hue heraus. Allein elf Kilometer lange Mauern umranden »die Zitadellenstadt«. – Mauern verbergen die einstige Kaiserstadt. Mauern umschließen die »Verbotene Stadt«. Mauern, die irgendwann vielleicht auch die Herzen der Menschen von Hue umschlossen haben.

1

Gleichzeitig ist Hue traditionell ein sehr spiritueller Ort des Glaubens. Das buddhistische Herz Vietnams schlägt nirgendwo kräftiger als hier. Etwa 300 Tempel und Pagoden geben ihm ein Zuhause, davon ist die Thien-Mu-Pagode das wichtigste Bauwerk. Die 21 Meter hohe Pagode hat sieben Stockwerke, von denen jedes die Inkarnation eines Buddhalebens repräsentiert. Sein einziges irdisches Leben zu opfern, das beschloss hier der Mönch Thich Quang Duc aus Protest gegen das katholische Marionettenregime der Amerikaner. Am 11. Juni 1963 setzte er sich in ein Auto und fuhr die 900 Kilometer nach Saigon. Im Lotossitz auf einer Straßenkreuzung und vor den Kameras der Weltöffentlichkeit ließ er sich von Nonnen und Mönchen mit Benzin überschütten und verbrennen. Das Auto, ein kleiner blauer Austin, steht heute in der Pagode hinter Glas.

Am Parfüm-Fluss, an der Anlegestelle der Drachenboote vor der Pagode, beginnt eine interessante Rundfahrt. Erst von der Mitte des Flusses aus bekommt man den richtigen Durchblick für die Stadt. Wenn man wieder im Taxi sitzt, ist das schnell vorbei. Von Grab zu Grab, von Palast zu Tempel flitzen die Fahrer in einem Affenzahn durch die enge Stadt, so als würde es die Monumente

3

1 Die Wächterfiguren am Mausoleum des Königs Khai Dinh, das letzte Grabmal der Nguyen-Dynastie (1920–1931). **2** Ehrentempel aus Keramik und Glasmosaiken. **3** Grabraum. Die sterblichen Überreste des Königs liegen in der Gruft, neun Meter unter der Bronzestatue. **4** Porträt des Königs auf dem Weihrauchtisch.

morgen nicht mehr geben. Dabei geht jegliches Orientierungsgefühl verloren. Am Ende der Fahrt weiß man garantiert nicht mehr, in welchem Jahrhundert, bei welchem Kaiser, bei welcher Dynastie man gerade gelandet ist.
Es wird Zeit zum Ausruhen, der Ausflug durch die Geschichte der Kaiserstadt braucht dabei noch nicht einmal unterbrochen zu werden. Direkt am Ufer des Parfüm-Flusses liegt das La Résidence Hotel mit seinen Terrassen und Gärten. Von hier aus hat man eine wunderbare Sicht auf die Zitadelle und die Trang-Tien-Brücke. Das ungewöhnliche Haus ist Teil der jüngeren Geschichte von Hue, es wurde 1930 als offizielle Residenz des damaligen französischen Gouverneurs von Vietnam errichtet. Davon zeugen die gebogenen Außenfassaden mit ihren langen, horizontalen Linien und vertikalen Verzierungen der Art-déco-Architektur.
Die drei nebeneinander liegenden Gebäude haben 122 Zimmer und Suiten, die in ihrem alten, französischen Charme und mit asiatischer Opulenz bis heute erhalten geblieben sind. Bao Dai, der letzte Kaiser von Vietnam, und der immer noch regierende König Bhumipol von Thailand legten hier ihre Häupter zur Ruhe. Das Ambiente in der Halle und dem anliegenden Café lässt den kolo-

1 Lobby, Bar und... **2** ...De-luxe-Suite im »La Résidence«. **3** Alte Gouverneursvilla im neuen Glanz – das Hotel La Residence. **4** Badezimmer der Präsidentensuite. **5** Träumen im Himmelbett. **6** Das Hotel, Residenz der Künste, mit wechselnden Ausstellungen.

nialen Glanz vergangener Zeiten immer noch spüren, doch die Gegenwart mahnt: Wer sich weiterhin mit der Vergangenheit beschäftigen will, für den gibt es noch viel zu tun.

Soll es eine Mammuttour durch Tombs und Tempel werden, oder besser eine Schnuppertour zwischen dem Blütenduft der Lustgärten und den Räucherstäbchen der Altäre, oder nur eine kleine Stadttour?

Hue hat so viel zu bieten, dass man eine Vorauswahl treffen sollte. In der »La Résidence« gibt es eine gute Beratung, und wenn man Glück hat, ist James Sullivan gerade im Café, er kennt Hue wie seine Westentasche und findet es schade, dass die meisten Gäste nur nach Zitadelle, Kaisergräbern und Pagoden fragen. Jim ist Amerikaner, Schriftsteller und Journalist, er lebt mit seiner Familie schon viele Jahre in Hue, vielleicht rät er, bei einem gemütlichen Cappuccino, erst mal zu einem »Spaziergang an der Le Loi« – als Einstiegsdroge in diese geheimnisvolle Stadt.

Sie führt über den »himbeerroten Bahnhof« zum Ho-Chi-Minh-Museum und die Quoc Hoc High School, in der »Ho« als Junge die Schulbank drückte. Am Gebäude des Volkskomitees vorbei geht es weiter zum Hotel Morin. Ein mächtiges Haus von 1901, das noch einmal deutlich zeigt, wie es in der Kolonialzeit in Hue ausgesehen hat. Die riesige Halle ist fast unverändert geblieben, wer hier im »salon de thé« am Nachmittag seinen Kaffee oder Tee trinkt und dabei gerne »Leute guckt«, der ist hier bestens aufgehoben. Sollte allerdings Charlie Chaplin mit Paulette Goddard um die Ecke schweben, muss das ein Traum sein. Ihre Flitterwochen haben sie hier 1939 verlebt. Am Abend, zur Erholung, lockt das andere Gesicht der Stadt: Hallo Happiness, hallo Hue, du freundliche, fröhliche Stadt mit den vielen Künstlern, dem herrlichen Markt am Ufer des Parfüm-Flusses, der tollsten Küche Vietnams und den vielen bunten Cafés – von Melancholie keine Spur. Die Dong Khoi, der Bummelboulevard zwischen Kathedrale und Flussufer, lädt ein mit seinen vielen Galerien und den malerischen Kopierwerkstätten für alte Meister. Die jungen »Meister«, die dafür die Pinsel eintauchen, haben kein Problem mit der Herkunft ihrer Motivinspiration. Das Bild an sich, sagen sie, sei ja schließlich von ihnen gemalt worden.

Der Wolkenpass und Hue

Sehenswürdigkeiten
Der Wolkenpass auf dem Weg nach Hue. Der Kaiserpalast und die Kaisergräber: *Tu Duc*, *Khai Dinh*, *Minh Mang*.
Die *Thien-Mu-Pagode* und die *Zitadelle* sind nur wenige von vielen Sehenswürdigkeiten.
In der Kaiserstadt *Hue* sollte man sich unbedingt von einem sachkundigen Führer begleiten lassen, allein verliert man schnell die Übersicht und es wird sehr anstrengend.

Übernachten
La Résidence Hotel & Spa, 5 Le Loi St., Hue. Das La Résidence war die Residenz des französischen Gouverneurs von Hue. Das Gebäude ist fast im Urzustand geblieben – immer noch von kolonialer Eleganz. Tel: 0084-54 837 475, E-Mail: resa@la-residence-hue.com, www.la-residence-hue.com
Pilgrimage Village, Boutique Resort 130 Minh Mang Road, Hue. Eine schöne Hotelanlage in der Nähe der Kaisergräber. Geschmackvolle Einzelhäuser in einer schönen Gartenlandschaft. Tel: 0084-54 885 461, E-Mail: info@pilgrimagevillage.com, www.pilgrimagevillage.com

6

Essen und Trinken
Mandarin Café, 24 Tran Cao Van St., Hue. Ein sehr gemütliches Café mit typischen vietnamesischen Spezialitäten. Tel: 0084-54 821 281, E-Mail: mandarin@dng.vnn.vn

Besonders zu empfehlen
Hue ist die Stadt der sensiblen Seelen, wohl deswegen gibt es hier so viele Künstler; nur ein Beispiel: die *Galerie der fünf Maler*.
Art Gallery Pho Co, 25 Huynh Thuc Khang-Tp. Hue. Zeitgenössische Malerei aus Hue, sehr zu empfehlen, sehr schöne Werke. Tel: 0084-54 527 084
Die bemerkenswerte Fotoausstellung von Mr. Cu im *Mandarin Café*. Hin und wieder stellen auch Gäste Fotos aus, wie der Amerikaner *»Doug«*-Douglas Young.

Auskunft
Tourinformation im *Hotel La Résidence*, ganz spezielle Tipps hat James Sullivan, ein Amerikaner in Hue, er ist Journalist und schreibt für die *The New York Times*,
Website: www.mandarinmedia.com
Außerdem im *Mandarin Café*, für Touren und Bootsfahrten, E-Mail: mandarin@dng.vnn.vn

Hundstage in Hue

Es regnet in Hue. Dauerregen seit zehn Tagen. Feine Strähnchen aus Wasser, Nebel und Niesel dringen in jede Rille, jede Ritze und in jeden Rucksack. Die Elektronik der Kamera fleht: »Nein, bitte nicht« – Zwangspause für Film und Chip. An Fotografieren ist nicht zu denken. »Das kann ja heiter werden«, meinen die enttäuschten Gäste im Hotel. Carmen Marienberg sagt: »Nein, bestimmt nicht, nicht in den nächsten Tagen.« Aber die Managerin des Hotels La Résidence hat eine Idee. Es gibt ein Café in der Altstadt mit einer kleinen Fotoausstellung. Es gehört Mr. Cu, der ein sensibler Fotograf von Land und Leuten ist. Ob er vielleicht aushelfen kann?

Mr. Cu ist ein sehr bescheidener Künstler. Anstatt auf seine wunderschönen Bilder einzugehen, stellt er einen Mann vor: Doug, seinen amerikanischen Freund, und das hat einen Grund. Doug Young ist US-Kriegsveteran. Er hat in Vietnam gekämpft, seine Frau Cindy war Krankenschwester im Feldlazarett. Jetzt sind beide in das Land zurückgekehrt, das sie damals verbunden hat. Cindy unterrichtet Englisch an der Universität von Hue, Doug fotografiert zusammen mit Cu die Schönheiten des Landes. Cu sagt, er hat das Fotografieren von Doug gelernt, und Doug sagt, er hat das Sehen durch Cu gelernt. Zusammen jedenfalls sind sie mit ihrer gemeinsamen Liebe zur Fotografie in Vietnam unschlagbar. Einige Fotos von Mr. Cu sind im Mandarin-Café ausgestellt. Fotos von Doug sind auf seiner Webseite zu finden.

Mandarin Café, Hue City, Vietnam
Mr. Cu The Owner, Tel.: 054821281 – E- Mail: mandarin@dng.vnn.vn
Doug Young, Texas, USA Blog: www.virtual-doug.com
Fotos: www.pbase.com/doug_young

1 Entenparade, Lieblingsmotiv des vietnamesischen Fotografen Cu. **2** Gruppenbild mit jungen Damen, Meisterfoto des amerikanischen Veteranen Doug Young. **3** Die Freunde: Cu und Doug.

Hanoi, Hanoi – eine Stadt, die niemals schläft. Mittagsruhe im Altstadtrummel.

Herbe Schönheit im Norden

Hanoi

1

2

3

4

Traumstadtbummel

Mit Frau Vu Vietnam durch Hanoi

Hanoi, diese fast tausend Jahre alte Stadt am Roten Fluss, ist keine Stadt für Träumer – aber eine Traumstadt für aufgeweckte Menschen, die positiv in die Zukunft schauen und ihre Träume leben wollen.

Vietnam ist wie ihr Land, nicht besonders groß, von ansprechender Figur, mit einer schlanken Taille, sehr freundlich, sehr pünktlich und voller Tatendrang, so wie die Menschen nun mal in Hanoi sind.

Frau Vu Vietnam ist Tour- und Stadtführerin, eine wahre Spezialistin für Kunst und Kultur in ihrer Heimatstadt. Frau Vietnam spricht zauberhaftes Deutsch und hat natürlich alles sofort im Griff. »DDR-Schule«, sagt sie, und lacht dabei herzlich. Da wird nicht lange gefackelt. Ganz leicht ist auf einmal zu verstehen, warum die Vietnamesen aus Hanoi auch die »Preußen Asiens« genannt werden«.

Wie sie es gewohnt ist, stellt Vietnam sofort strategische Überlegungen an, wie das Plansoll der nächsten Tage durch fast tausend Jahre Kunst, Kultur, Entdecken und Erleben am besten erfüllt werden kann. Power, Professionalität und Charme übernehmen die Führung – Widerstand ist zwecklos. Mal wieder wird der gewinnenden, vietnamesischen Strategie die weiße Flagge gezeigt. Friedensverhandlungen nach der Machtübernahme werden bei einem *Ca Phe* – dem starken, vietnamesischen Kaffee mit sehr viel Zucker und Kondensmilch – im Café Mai neben der St.-Joseph's-Kathedrale geführt.

Ein guter Start im ehemaligen französischen Viertel zu einer aufregenden Fahrt durch eine Stadt voller Zukunft, der die Vergangenheit gelegentlich ganz gehörig im Wege steht. Noch überwiegt das Straßenbild aus Eleganz und Anmut vergangener Zeiten. Aber für die meisten historischen Ensembles ist es wohl nur eine Frage der Zeit, wann sie modernen Bauten weichen müssen. Verliert diese oft als »Alte Dame« bezeichnete Stadt damit auch ihre Identität? Wird auch in Hanoi durch moderne Glas- und Stahlkonstruktionen das begraben, was den unverwechselbaren Charme der eurasischen Kultur ausmacht? So viel ist sicher, die Altstadt von Hanoi befindet sich genau dort, wo sie am schönsten ist, in einem erbärmlichen Zustand. Bis zu 40 Meter tief reichen die Häuser mit den schmalen Fassaden in die verschachtelten Hinterhöfe hinein.

1 Charmant und kompetent – Stadtführerin Frau Vu Vietnam. **2** Die Long-Bien-Brücke über den Roten Fluss. **3** Ho Chi Minh verkündet die Unabhängigkeitserklärung – Bild im Historischen Museum. **4** Die Schildkrötenpagode im Hoan-Kiem-See.

1

2

1 Alles aus Bambus, oder was? – Eine ganze Straße für meterlange Halme. **2** Keine Einbahnstraße – die Sarggasse im Handwerkerviertel von Hanoi. **3** Babybremse – Laufgitter aus Bambus. **4** Für immer in Stein – Namen für den Sarg. **5** Lampions und Knallbonbons, das bunte Sortiment der Papiergasse.

Hier leben und lebten Generationen von Familienmitgliedern und prägten über Jahrhunderte die Stadtgeschichte. Noch geht das Leben hinter dem renovierungsbedürftigen Gemäuer weiter wie gewohnt, doch die Bedingungen werden immer schlechter. Es gibt Pläne und Maßnahmen, die den Verfall aufhalten könnten: Belüftung durch Lockerung der Bausubstanz ist eine Idee. So könnten die Bewohner mit besserer Luft und mehr Licht bis in die Hinterhöfe versorgt werden. Das heißt aber auch: Gezielter Abriss und geschickter Neuaufbau hinter den alten Fassaden – doch auch die beginnen immer schneller zu bröckeln. Es ist so, als hätten Sisyphus und der Teufel einen Kreis um die Altstadt von Hanoi gezogen. Selbst die rigorose Fortschrittsfraktion der Stadtplaner von Hanoi freut sich darüber nicht. Sie wissen, dass jeder Abriss auch ein

3

4

5

Schnitt in das eigene Fleisch ist, denn die Hanoier lieben ihre Stadt mehr als das anderswo in Vietnam spürbar ist. Sie haben eher Mitleid mit dem Zustand der Innenstadt, ähnlich wie mit einer »alten Dame«, die schon zum zwanzigsten Mal im gleichen Kleid zum Opernball erscheint – aber mit den ersten Klängen des Eröffnungswalzers weichen diese Gedanken einer beglückenden Faszination. Auf der täglichen Freilichtbühne – der Altstadt von Hanoi – läuft das ähnlich ab: Städtebauliche Überlegungen werden durch einen Rausch von Farben, Gerüchen und Geräuschen verdrängt. Die Altstadt spielt auf zu einem vietnamesischen Volkstheater, wie es ursprünglicher nirgendwo in Vietnam gespielt wird. Die Bühne besteht aus 36 Gassen, die Dekoration ist aus echten Blumen, Lampions, Baguette, Särgen, Bambus, Suppenküchen. Die Darsteller spielen in ihrer eigenen Garderobe und nur sich selbst. Das Publikum gehört zum Bühnenbild, die Szenerie lebt von der Intuition. Regie führt der Alltag, Abläufe werden nicht gestellt und nicht wiederholt: Wie beispielsweise in der Sarggasse – als ein Mann einen Kindersarg auf seinem Moped festbindet – auf den Soziussitz, mit Gummiband. Das funktioniert nicht sofort, weil seine Hände zittern. Dann reiht er sich ein in den Strom der vorbeifließenden Mopeds, der schwarze Kindersarg blitzt noch ein paar Mal auf in der harten Morgensonne – wie ein letztes Lebenszeichen.

Szenenwechsel. Noch andere Gässchen für alle Dinge des täglichen Lebens warten auf Besuch. Neben dem Open-Air-Friseur werden Reifen gewechselt, Hühnerpopos gerupft und Ohren mit Wattestäbchen und dem tief eindringenden Lichtstrahl der Taschenlampe gesäubert. In der Papiergasse werden Tüten geklebt und Lampions gefaltet. Billiges Geld gibt es hier auch, fein gebündelt und natürlich Dollar – Dong, die vietnamesische Währung will man als Spende für die Ahnen auf dem Altar nicht verbrennen. Dollar, immer noch das coole Symbol für Reichtum, zünden einfach besser. Die freundlichen Blumenmädchen vom Nachbarstand sind hübscher als die Blüten – Frau Vietnam mahnt zur Disziplin, außerdem ist Mittagspause.

Ab 12 Uhr legt der betörende Duft aus den Suppenküchen die ganze Stadt lahm. Wie ein sedierender Zaubertrank wirkt allein

1 Das Altstadttor in Hanoi – die Rückseite. **2** Kuhhandel mit dem Rindvieh – 150 Kilo Lebendgewicht auf dem Moped. **3** Selbst fährt der Rentner – rüstige Motorbienen. **4** Zug um Zug – auf der Long-Bien-Brücke. **5** Cyclo Café in der Altstadt – Rikschafahrer abgetreten. **6** Stuhl für die Sitzbank. **7** »Saumäßig« schlechte Transportsituation. **8** Weißer geht's nicht – Abfahrt der Long-Bien-Brücke.

schon der Gedanke an *Pho* auf alle Vietnamesen. Einmal geschnuppert, duldet das Verlangen keinen Aufschub mehr. *Pho ga* oder *Pho bo*, Nudelsuppe mit Hühner- oder Rindfleisch und mit Sellerie und Frühlingszwiebeln ist in den Garküchen von Hanoi die zarteste Versuchung, seit es Nudelsuppe gibt. Dazu das freundliche Ambiente: einfach, praktisch, lebendig. Plastikschemel in Kniehöhe sorgen bei größeren Menschen unweigerlich für gerade Sitzhaltung; besorgte Mitschlürfer warnen lächelnd vor der scharfen Limetten-Chili-Sauce. Nuoc Mam, die Fischsoße, macht auch hier die Runde. Es ist ein wirklich großes Erlebnis, so liebevoll in diese kleine Garküchenwelt aufgenommen zu werden. Frau Vietnam ist stolz auf ihre Gäste und die sind stolz auf Vietnam.

So als hätte man eine Prüfung für die vietnamesische Lebensweise bestanden, passt der nächste Vorschlag gut zum Programm: Nach

8

dem Essen ist man reif für die Rikscha, und deswegen eher bereit, sich in einem der Fahrradsofas durch die Stadt treten zu lassen. Das ist nicht jedermanns Sache. Der eine hat grundsätzliche Bedenken, sich mit Menschenkraft durch die Stadt schaukeln zu lassen, der andere hat schlicht und einfach Angst. Die Cyclos, wie sie auch genannt werden, bieten eine äußerst seltsame Perspektive für den europäischen Passagier. In entspannter Sitzposition bedeutet das: Auspuff der nachbarlichen Mopeds in Kniehöhe, Blech der Autos als seitlicher Sichtschutz. Nach vorne kann man dafür sehr gut am strampelnden Fahrer vorbeisehen. Wenn es ein netter ist, dann schaut er sich meistens zu den Passagieren um. Dabei lenkt er locker mit einer Hand – so kann er die Sehenswürdigkeiten besser erklären. Das gibt natürlich mehr Trinkgeld und bringt das Cyclo in wunderbare Schwingungen. Zum Glück findet man die Haltegriffe für die Hände ziemlich bald. Die Suche danach lenkt wiederum davon ab, wie er mit seinem Drahtmonstrum über rote Ampeln fährt. Das macht er zwar ständig, aber es ist immer noch besser, als würde er plötzlich bremsen. Alleingelassen muss man sich in dieser Situation aber nicht fühlen. Wer die Augen öffnet, sieht, wie dieser Verkehrsmix aus Mopeds, Autos und Cyclos reibungslos funktioniert. Trotzdem sind die Tage der Fahrrad-Rikschas in Hanoi gezählt. Die Verbotsschilder für Cyclos sind immer öfter zu sehen. Wie werden wohl in Zukunft Matratzen, Schränke, zentnerschwere Buddahstatuen und fünfköpfige Familien mit wenig Geld durch Hanoi transportiert?

Auf dem großen Platz vor der hübschen Oper von Hanoi endet die erlebnisreiche Tour durch die Stadt. Herr Van Thoung reiht sich wieder in die endlose Schlange der Cycloparade ein, dabei zeigt er nicht die geringsten Anzeichen von Müdigkeit. Für seine Passagiere fühlt sich der Gehweg vor der Oper ganz weich und seltsam schwammig an. Frau Vietnam hat zwei gute Ideen, die erste gefällt nach der Cyclofahrt am besten: Pausensnack am Schokobuffet im schönsten Hotel von Hanoi. Idee zwei ist auch sehr hübsch: Die Hochzeitspaare vor der Oper, aber die müssen warten.

So soll Hanoi bleiben bis ans Ende aller Tage, das könnte der erste Gedanke sein, wenn man an der eleganten Fassade vom Hotel »Sofitel Metropole« in Hanoi heraufschaut. Das 1901 erbaute Haus ist ein gelungenes Beispiel, wie Geschichte und Gegenwart für die Zukunft erhalten bleiben können. Das Gebäude im französischen Kolonialstil ist der absolute Klassiker im Stadtzentrum von

2

3

Hanoi, gleichzeitig das traditionellste Luxushotel mit fünf Sternen. Schon Somerset Maugham und Graham Greene sollen schwer beeindruckt gewesen sein. Jane Fonda, Roger Moore, Joan Baez und Michael Caine natürlich auch – und als die Drehtür den Blick nach innen freigibt, wird ohne jeden Zweifel klar: Die elegante, französische Kultur einer ganzen Epoche strahlt hier neue, atemberaubende Vitalität aus.

Zwischen dem Interieur aus Mahagoni und Marmor, edlen Stoffen und Stuck scheint die Zeit stehen geblieben zu sein. Ein betörender Duft weht durch die Halle. Vor der »le Club Bar« ist ein Schokoladenbuffet aufgebaut mit der feinsten Patisserie, die jemals ein Mensch zu Gesicht bekommen hat. So jedenfalls mag es manchem vorkommen, der sich nicht so ganz an den etwas eigenwilligen Geschmack der bunten, süßen, schweren Kuchen der vietnamesischen Konditoren gewöhnen konnte. Wie Diamanten funkeln die kleinen Verführer auf dem Buffet in dieser so einmalig anmutenden Atmosphäre. Es verspricht ein runder Nachmittag zu werden.

1 Einbeinstativ – die Chua-Mot-Cot-Pagode in Hanoi. **2** So wichtig wie der Brautschleier – Familienaufmarsch vor der eleganten Oper. **3** Ruhebänkler am Hoan-Kiem-See. **4** Kollektive Ertüchtigung – Schulsport vor der St.-Josephs-Kathedrale.

4

So wie hier am Schokoladenbuffet mussten sich eines Tages die französischen Kolonialherren in Vietnam gefühlt haben, denn nur Gaumenfreuden allein konnten sie auf Dauer nicht befriedigen – sie wollten ja länger bleiben. Fern der Heimat wurden sie krank vor Sehnsucht nach anderen Höhepunkten ihrer Kultur. Also mussten Gebäude für Musik, Tanz und Opern neu geschaffen werden. 1911 wurde das Opernhaus in Hanoi errichtet, die Franzosen nannten es: »La petite Cousine«, die kleine Cousine der Pariser Opéra Garnier. Hier wurden französische Romantiker gespielt und koloniale Kultiviertheit gepflegt. So linderten die Franzosen ihr Heimweh. Mit vielen Bistros und Cafés machten sie aus Hanoi die französischste Stadt in Indochina.

Seit dem Ende der französischen Kolonialherrschaft 1954 wurden in Hanoi keine Opern mehr inszeniert. Am 17. September 2006, nach 52 Jahren, war es endlich wieder so weit. In österreichisch-vietnamesischer Zusammenarbeit konnte Mozarts »Zauberflöte« aufgeführt werden. Es spielte das Hanoi Philharmonic Orchestra, dirigiert von Wolfgang Gröhs. Regie führte Manfred Waba. Die Deutsch singenden Künstler kamen vom Konservatorium Hanoi. Dieses historische Ereignis im Opernhaus von Hanoi wurde umjubelt wie selten eine Kulturveranstaltung zuvor.

Jeden Tag auf der runden Treppe vor der Oper gibt es eine immer wiederkehrende Vorstellung mit zwei Hauptdarstellern, Hunderten von Nebendarstellern und Film- und Fotokünstlern in unbekannter Anzahl.

In den kühleren Monaten von Oktober bis März wird geheiratet was die Schleier halten. Wer mag schon bei 40 °C und hoher Luftfeuchtigkeit sein Jawort hauchen. Da die Hochzeitstermine auch noch durch den Mondkalender beeinflusst sein können, funktionieren nur bestimmte Tage. Das sorgt für einen gewissen Stau vor der Oper, und wer ein Bild ohne Brautschleier vom Opernhaus haben möchte, sollte sich eine Postkarte kaufen oder ganz früh aufstehen. Das ist ganz einfach, wenn man in der Nachbarschaft im »Hilton Hanoi Opera« wohnt. Sehr viele Zimmer haben Opernblick, und

1

1 Hanois elegantestes Hotel ist das »Sofitel Metropole«. **2** Jede Sünde wert, das Schokobuffet im »Metropole«. **3** Champagner am Nachmittag: die Terrasse vom Hilton Hotel Opera. **4** Ruheoase in der Stadt: Zimmer im Sofitel Metropole. **5** Literatur und internationale Presse beim Bücherwurm Hoang Van Truong.

das sanfte Seitenlicht nach Sonnenaufgang gibt den Fotos eine herrliche Brillanz. Ein frühes Bad im großen, offenen Pool bringt den Kreislauf in Schwung. In der riesigen Halle treffen sich Business und Tourismus in einer angenehmen Mischung. Hier ist das Weltstadtflair einer Metropole im Aufschwung hochgradig ansteckend – hier riecht es deutlich nach Zukunft. Traditionell ist alles geblieben, was den Charme der Vietnamesen ausmacht, besonders ihre Gastfreundschaft und ihr köstliches Essen, und das kann im Norden mit besonderen Spezialitäten aufwarten. Das beweist Chefkoch Pham Xuan Cuong mit einem einfachen nordvietnamesischen Gericht aus seiner hypermodernen Küche, serviert im mondänen Restaurant »Ba Mien« mit Blick auf das alte Opernhaus von Hanoi.
Trotz oder gerade wegen dieser Mischung aus traditioneller Anbindung und modernem Zeitgeist braucht niemand um Hanoi zu fürchten. Verständlich, wenn die »Alte Dame« nicht auch die nächsten 20 Opernbälle mit dem alten Kleid feiern will, aber trotz neuer Kleider wird sie ihre Persönlichkeit behalten. Dazu ist sie mit ihren

2

Menschen viel zu bewusst traditionell ausgerichtet. Niemand empfindet es als Last hier zu leben. Dass vieles anders und natürlich viel besser sein könnte – darüber wird jeden Tag heiß diskutiert. Aber dass vieles so bleibt – wie es ist, darüber ist man am nächsten Tag auch ziemlich froh.

Frau Vietnam sitzt etwas verloren in einem großen Sessel der mächtigen Hotelhalle. Stolz zeigt sie den Zettel mit den Häkchen, eine Lücke ist noch offen. In der Stadt der 30 Seen hat der Hoan-Kiem-See einen besonderen Platz im Herzen der Hanoier. Er ist geschichtsträchtig und voller Mystik. Ein Treffpunkt für Verliebte genauso wie für Menschen, die Entspannung suchen.

Mitten in der Stadt, zwischen der Altstadt und den vier großen Ost-West-Verbindungsstraßen, ruht er wie eine Oase des Friedens in der lebhaften City. Morgens ist er Treffpunkt für Tai-Chi-Übungen, dazwischen flitzen Jogger vorbei. Am Abend sitzen hier die Rentner auf der Parkbank, wie an der Alster oder am Main, am Rheinufer oder im Englischen Garten. Manchmal auch Hand in Hand, das ist ungewöhnlich in Vietnam. Aber hier am See gelten andere Regeln, schließlich gilt er als romantischstes Plätzchen der Stadt. Und die Schildkröte, die hier im See wohnt, verwaltet das Kriegsschwert von Kaiser Le Loi. Damit hat er die Chinesen aus dem Land vertrieben. Nach dem Sieg hat sie es zurückgefordert.

Hanoi – herbe Schönheit im Norden

Anreise
Lufthansa fliegt dreimal die Woche von Frankfurt über Saigon nach Hanoi. *Thai Airways* fliegt täglich über Bangkok nach Hanoi, *Vietnam Airlines* fliegt fünfmal in der Woche nonstop von Frankfurt nach Hanoi.

Sehenswürdigkeiten
Die 36 Handwerkergassen und die gesamte Altstadt. Spezielle Empfehlungen sollen hier nicht gegeben werden, denn Hanoi ist eine Stadt, die jeder für sich ganz individuell am besten entdeckt.

Übernachten
Sofitel Metropole Hanoi, 15 Ngô Quyên St., *Hanoi*. Weltklassehotel aus vietnamesischer und europäischer Eleganz.
Tel: 0084-4 82 66 919, E-Mail: sofitelhanoi@hn.vnn.vn, www.sofitel.com

Hilton Hanoi Opera Hotel, 1 Le Thanh Tong St., Hanoi. Weltklassehotel mit internationalem Businessambiente.
Tel: 0084-4 93 30 500, E-Mail:
frontofficeadmin.hanoi@hilton.com, www.hanoi.hilton.com
Thin Thai Hotel, Sky-Gardenclub, 45 Nguyen Truong To St., Hanoi. Freundliches Budget-Hotel in der Altstadt.
Tel: 0084-4 716 4126

Essen und Trinken
Le Tonkin, Vietnamesisches Restaurant, 14 Ngo Van So, *Hanoi*. Urgemütliches Luxusrestaurant mit exzellenter Küche.
Tel: 0084-4 94 33 457
Highway4 Restaurant, 18 Yen Phu St., Hanoi. Sehr typisches vietnamesisches Restaurant über drei Etagen. Tel: 0084-4 715 0577, E-Mail: info@highway4.com, www.highway4.com

Besonders zu empfehlen
Pressclub Hanoi, 59 A Ly Thai To St., Hanoi. Internationaler Treffpunkt. Tel: 0084-4 93 40 888, E-Mail: vietai@hanoi-pressclub.com, www.hanoi-pressclub.com
Bookworm Hoang Van Truong, 15a Ngo Van So, Hanoi. Internationale Presse und Bücher. Tel: 0084-4 9 437 226, E-Mail: bookworm@fpt

Auskunft
Exotissimo Travel, Main Office, 26 Tran Nhat Duat St., *Hanoi*
Tel: 0084 4 828 2150
E-Mail: info@exotissimo.com,
www.exotissimo.com

1

2

3

4

Besuch bei »Onkel Ho«

Hanoi – Mausoleum und tausend Jahre Kultur

»Es gibt nichts Wertvolleres als Freiheit und Unabhängigkeit«. Das sagte Ho Chi Minh – »jener, der erleuchtet« – in Anlehnung an die ersten Sätze der amerikanischen Unabhängigkeitserklärung 1945 auf dem Ba-Dinh-Platz in Hanoi. Seit 1975 sind diese Worte am gleichen Platz auf der Mauer seiner Grabstätte, dem Ho-Chi-Minh-Mausoleum, zu lesen.

Frau Vietnam ist heute anders: Ein bisschen nervös, ein wenig besorgt, etwas distanzierter, superkorrekt gekleidet, überpünktlich und voller Erklärungsnot – und die hat sie nur, weil es ihr unangenehm ist, mit ihren Gästen über einige Verhaltensregeln zu sprechen, die auch Fremde vor dem Besuch im größten Heiligtum der Nation strengstens beachten müssen. Jetzt quält sie ihre sensible, tolerante vietnamesische Seele damit, die Besucher darauf hinzuweisen: Das Mausoleum des ehrwürdigen Freiheitskämpfers und Staatsgründers Ho Chi Minh darf unter keinen Umständen in kurzen Hosen betreten werden. Am Sarkophag darf man nicht sprechen, nicht fotografieren, nicht stehen bleiben, nicht aus der Reihe tanzen.

Unweigerlich schaut man bei ihrem Vortrag auf die Länge der Hose, prüft nervös den oberen Hemdenknopf, stellt den Hauptschalter der Kamera auf null.

Die Atmosphäre in der langen kerzengeraden Schlange am schmucklosen Kassenhäuschen des Mausoleums hat etwas vom nostalgischen, sozialistischen Charme einer ehemaligen Grenzabfertigung zwischen der BRD und Ostberlin. Aber das ist zum Glück lange vorbei und fast vergessen. Doch die massive, hellweiße Grabstätte von Ho Chi Minh wird das allerdings so schnell nicht sein, sie ist zumindest für die Ewigkeit konstruiert. Und eigentlich sollte in dem Architekturentwurf, nach dem Muster der Grabstätte Lenins, auch die Form einer Lotosblume erkennbar sein, aber der wuchtige Stil der sowjetischen Baumeister gibt das auf den ersten und auch auf den zweiten Blick nicht so einfach preis.

Während sich die Schlange mit den Menschen internationaler Herkunft langsam voranbewegt, nutzt Frau Vietnam die kurze Unachtsamkeit der blütenweiß gekleideten Wachsoldaten für ein paar geflüsterte Grundinformationen: Ho Chi Minh starb am

1 Vietnams starkes Geschlecht – Ehrenplatz im Frauenmuseum. **2** Die Geschichte des Landes im Historischen Museum. **3** Herr Hung empfängt seine Gäste. Das Restaurant Le Tonkin. **4** Besuch bei »Onkel Ho« – das Mausoleum von Ho Chi Minh.

2

3

1 Die letzte Wohn- und Befehlszentrale von Ho Chi Minh. **2** Büro von »Onkel Ho«. **3** Die Schlacht am Bach Dang. Historisches Museum. **4** Mutter Vietnam – auf ihrer Schulter ruht die Zukunft. **5** Das Hoa-Lo-Gefängnis. US-Kriegsgefangene nannten es »Hanoi Hilton«. **6** Konferenzraum von Ho Chi Minh.

2. September 1969 im Alter von 79 Jahren an Herzversagen. Weil das der Tag der vietnamesischen Unabhängigkeit ist, verlegte man den »offiziellen« Todestag auf den 3. September. So kann der beiden Tage separat gedacht werden. Der Sieg über die Franzosen 1954 in Dien Bien Phu war sein Triumph und hat ihn für die Menschen Vietnams unsterblich gemacht. Da kommt es auf einen Tag im Kalender hin oder her wirklich nicht an.

Den militärischen Sieg über die Amerikaner hat Ho Chi Minh zwar nicht mehr erlebt, doch der moralische Sieg bei der Tet-Offensive 1968 trug in gewisser Weise den Geist seines Sieges von Dien Bien Phu. Es war nur noch eine Frage der Zeit, bis sich dieses traurige Desaster bei den Amerikanern wiederholen sollte.

Nur noch wenige Minuten, dann kann man im Vorbeigehen den präparierten Leichnam des Präsidenten Ho Chi Minh, dem Staatsgründer, dem Revolutionär, dem Sieger über Frankreich und Amerika, in seinem gläsernen Sarg wahrnehmen. Doch es dauert nur

4

5

6

etwa zehn mucksmäuschenstille Sekunden, bis man an dem Sarkophag auch schon wieder vorbeigeschoben, gewunken, befohlen ist. Trotzdem ist es ein seltsam anmutendes Erlebnis, den Leichnam dieses charismatischen Menschen gesehen zu haben.

Einmal im Jahr ging die sterbliche Hülle von Onkel Ho bisher auf eine Reise in den sozialistischen Bruderstaat nach Moskau zur kosmetischen Aufbereitung. Doch wenigstens ist dieser Stress für ihn seit einiger Zeit vorbei. Weitere Konservierungen werden zu Hause in Hanoi vorgenommen. Vielleicht irgendwann auch gar nicht mehr. Ho Chi Minh, der seinen Körper verbrannt, aber niemals einbalsamiert haben wollte, hatte auch seine allerletzte Reise testamentarisch verfügt. Doch dieser Reiseantrag wurde ihm vom Politbüro bisher nicht genehmigt – die Staatsikone ist zurzeit noch unabkömmlich.

Doch wenn jeder begriffen hat, dass Onkel Ho einen guten Job gemacht hat, aber auch, dass die Wunden der Zeit nur durch den Balsam eines neuen, nationalen Selbstbewusstseins heilen können – nicht aber durch das Einbalsamieren von Ideologien, »auf Kosten des Weiterdenkens«, dann endlich kann Ho Chi Minh seine letzte Reise antreten und sich den letzten Wunsch erfüllen lassen: Seine Asche soll zu gleichen Teilen über Nordvietnam und über Südvietnam verteilt werden. Sei es ihm vergönnt, dem Volkshelden und weltweiten Friedenssymbol einer ganzen Generation, der in einem Dorf in Mittelvietnam geboren wurde.

Wachwechsel vor dem Mausoleum: *»Changing the guards«* ohne Pelzmütze, dafür in weißer Uniform mit militärischer Präzision. Das zwölfstimmige Singen eines Damenchors verstummt andächtig. Touristen überprüfen reflexartig den Sitz der nicht vorhandenen Krawatten, Kameraverschlüsse bleiben unberührt. Das Zeremoniell bekommt ehrenvolle Aufmerksamkeit. Dicke weiße Striche auf dem Ba-Dinh-Platz haben für eine grobe Vorsortierung der vielen Besucher gesorgt. Die Feinjustierung erreichen die Soldaten mit einem kurzen, strengen Blick. Jetzt wird klar, warum Frau Vietnam heute Morgen ein wenig »anders« war.

Im Park vor dem Präsidentenpalast gibt es endlich Entspannung. Der kleine See, das Wohnhaus neben der Garage, in dem heute noch das Auto von Onkel Ho steht und das einfache Pfahlhaus zeigen, wie er wohl die letzten Lebensjahre in Hanoi verbracht haben mag. Hier hat er sein Lebensziel, die Freiheit und damit die Unabhängigkeit seines Volkes, erreicht.

Am 24. August 1945 übergibt der letzte Kaiser der Nguyen-Dynastie, Bao Dai, seine Herrschaftsinsignien mit der Abdankungsur-

1 »Wild Lotus«, das Spitzenrestaurant in Hanoi. **2** Das Serviceteam vom Restaurant Le Tonkin. **3** Vietnamesisches Schlemmen auf die feine französische Art im »Wild Lotus«. **4** Die Stufen zum hohen Genuss: Eingang zum »Wild Lotus«. **5** Historisches Museum.

kunde an die Abgesandten der kommunistischen Regierung. Das ist das Ende einer 150-jährigen Dynastie.
Am 2. September 1945 verliest Ho Chi Minh auf dem Ba-Dinh-Platz vor einer halben Million Menschen die Unabhängigkeitserklärung. Nebenan, im Ho-Chi-Minh-Museum, kann man die Tonband- aufnahme der Rede von Onkel Ho heute noch hören, die Stimme von einem Mann, der Weltgeschichte geschrieben hat, aber als »Onkel« in die Geschichtsbücher eingegangen ist. Das kommt, weil im vietnamesischen Familienclan nicht der Vater, sondern der älteste Bruder des Vaters an oberster Stelle steht, und der wird *bac* genannt. Die Anrede *bac*, *Onkel* Ho, zeugt also von allergrößtem Respekt.
Ganz in der Nähe des Song Hong, des Roten Flusses, steht das schönste Museum von Hanoi. Das ehemalige Gouverneurshaus der französischen Statthalter ist heute das Nationale Historische Museum. Die Präsentation der Exponate aus der langen Geschichte Vietnams ist äußerst geschmackvoll arrangiert. Die Informationen sind sachlich und bereichernd. Der Tag der Unabhängigkeitserklärung hat natürlich auch hier seinen Platz – auf einem über-

großen, leuchtend bunten Panoramabild im Stil einer naiven Malerei. Ganz in der Nähe befindet sich ein ebenso gigantisches Panoramagemälde von der Schlacht auf dem Bach-Dang-Fluss, jenem Befreiungsschlag des legendären Heerführers Ngo Quyen gegen die tausendjährige chinesische Fremdherrschaft. Mit einer genialen Kriegslist lockte Ngo Quyen die schweren Dschunken des Gegners in das Mündungsgebiet des Bach Dang. Dort steckten eisenbeschlagene Holzpfähle im Schlick. Bei einsetzender Ebbe spießte sich die chinesische Flotte daran auf. Ngo Quyen ging als erster König des unabhängigen Vietnams in die Geschichte ein. Der Vergleich vom Kampf David gegen Goliath drängt sich nicht zufällig auf. Zufall ist es auch nicht, dass Frau Vietnam, die Kunst- und Kulturspezialistin, zu einem Ortswechsel drängt, zum Frauenmuseum. Das hat im Zentrum von Hanoi einen Ehrenplatz bekommen – und den hat auch die Frau in der Geschichte Vietnams ebenso wie in der heutigen Gesellschaft: »Mutter Vietnam« ist das Sinnbild des Familienzusammenhalts, der in Vietnam an oberster Stelle steht. »Vietnamesische Frauen weben die Welt zusammen«, kann der Besucher auch gleich am Eingang lesen und: »Wenn der Feind das Zuhause überfällt, dann müssen Frauen kämpfen«. Frau Vietnam freut sich sichtlich über die Faszination, die dieses Museum auf ihre Gäste ausübt.

Hanoi – Mausoleum und tausend Jahre Kultur

Sehenswürdigkeiten
Das *Ho-Chi-Minh-Mausoleum*; das Wohnhaus mit Arbeitsräumen von *Onkel Ho* im Originalzustand.
Das *Frauenmuseum*, der *Literaturtempel*, die *Einsäulenpagode*, das *ethnologische* und *das historische Museum*, das *Hanoi Hilton*, nicht das Hotel – das ehemalige Gefängnis der amerikanischen Piloten.

5

Übernachten
Siehe die Empfehlungen auf Seite 137.

Essen und Trinken
Wild Lotus Restaurant and Lounge, 55A Nguyen Du, Hanoi. Gourmetrestaurant für den großen Geldbeutel.
Tel: 0084-4 943 9342

Besondere Empfehlungen
Galerie Co Do, 46 Hang Bong, Hanoi. Die besten Galerien für Lackmalerein – die klassische vietnamesische Malkunst – sind in der Altstadt und in der Nähe des *Hilton Hotels* zu finden. www.codogallery.com

Auskunft
Exotissimo Travel, Main Office, 26 Tran Nhat Duat St., *Hanoi*
Tel: 0084 4 828 2150
E-Mail: info@exotissimo.com,
www.exotissimo.com

1

2

3

4

Tausend Töpfe und ein mystischer Mann

Bat Trang – Reisschüsseln für Millionen

Reis, Gemüse, Kräuter – die drei Säulen der vietnamesischen Küche – tragen eine schwere Last. 85 Millionen hungriger Bäuche wollen täglich gefüllt werden. Da schlängelt sich schon so manche zusätzliche Delikatesse in das Essen – aber wo kommen eigentlich die Reisschüsseln her?

Der Weg nach Bat Trang führt auf die Chuong-Cuong-Brücke über den Roten Fluss zum Gia-Lam-Distrikt. Das ist der erste östliche Außenbezirk von Hanoi auf der anderen Seite des Song Hong. Dort wollen wir aber noch nicht hin, meint Vietnam, der inzwischen das »Frau« entzogen wurde. Dafür bekommt sie ein liebevolles »Du«, auch wenn sie das als Profi-Guide ablehnen will. Sie blickt etwas verschämt zu Boden, nimmt es aber lächelnd an. »Guten Morgen, Vietnam, was steht auf dem Programm?« Markt, Brücke, Keramikdorf und Spezialitätenrestaurant!

Auf dem Markt, neben der Long-Bien-Brücke, treffen Vergangenheit und Zukunft so kontrastreich aufeinander wie nirgendwo sonst in der brodelnden Metropole von Hanoi. Als »Meilenstein der Zukunft« wurde sie vor gut hundert Jahren von Monsieur Eiffel mit gewaltiger Hässlichkeit konstruiert und entsprechend gefeiert. Sie sollte den Weg in ein technisches Zeitalter verkürzen, damit die Waren aus dem Umland schneller, frischer und profitabler nach Hanoi gelangen können. Aber die recht finstere Brücke hat das traditionelle Leben der Landbevölkerung nicht so rasant erhellt, wie ursprünglich angekündigt. Wie immer in seiner Geschichte verzahnen sich neue Einflüsse in Vietnam nur langsam mit den alten Werten. Auf dem Markt, neben der Brücke, lebt bis heute noch ein Mikrokosmos weiter, der seine eigenen Gesetze hat. Hier auf eigene Entdeckungsreise zu gehen lohnt sich: Man muss sich nur mit den Menschen einlassen, neugierig auf sie sein, dann öffnet sich eine Welt voller kleiner Geschichten aus einem traditionellen Vietnam, das es hoffentlich noch lange geben wird.

Bat bedeutet Schüssel und *trang* Werkstatt. Das klärt doch einiges auf, Bat Trang: Schüsselwerkstatt. Doch in Bat Trang, das Ton- und Keramikdorf am Ostufer des Roten Flusses, ist von den 85 Millionen Reisschüsseln, die das vietnamesische Volk rein theoretisch täglich braucht, noch nichts zu sehen. Dafür herrscht schon reger

1 Sie hat den Dreh raus – Reisschüsseln in Handarbeit. **2** Zeitunglesen auf dem Topf – warten auf Kundschaft. **3** Vorsicht, zerbrechlicher Hund – Keramikkunst auf dem Großmarkt. **4** Die Vase im Heuhaufen – der Drahtesel als Schwertransporter.

1

2

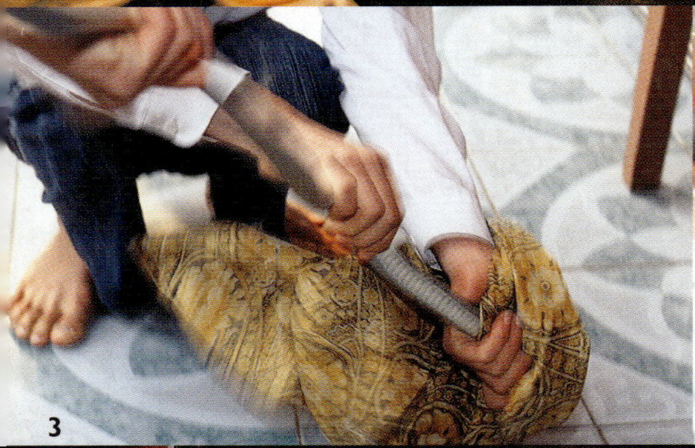
3

4

5

6

7

8

9

Betrieb im Morgenlicht auf den kleinen Straßen. Pferdefuhrwerke, hoch mit Polsterstroh für allerlei Töpfereien beladen, trotten gemächlich zu den Verpackungsrampen. Mopeds, überladen mit Keramikpötten, ächzen unter der Last, sie wiegt sicher mehr als das Doppelte von Mensch und Zweirad. Die alten, keuchenden Brennöfen aus Ziegelsteinen vernebeln die Morgenluft mit beißendem Qualm. Das ist die bewährte Kombination aus Tradition und Technik, deren Geschichte bis in das 14. Jahrhundert zurückreicht und noch heute die meisten der 3000 Einwohner direkt oder indirekt ernährt.

Das helle Lachen und Kichern aus einer Werkstatt macht neugierig. Gleichzeitig hilft es, das große Geheimnis von Bat Trang zu lösen: Auf einem langen Tisch stehen Reisschüsseln, so weit das Auge reicht. Etwa 20 Mädchen bemalen sie mit flinken Fingern mit einfachen, aber hübschen Mustern. Das geht blitzschnell. Mindestens eine Schüssel pro Minute geht durch je 20 Mädchenhände, mal 60 Minuten – wann macht das 85 Millionen?

Ganz in der Nähe, auf dem Rückweg nach Hanoi, schlängelt sich ein kleiner Weg zu einem geheimnisvollen Haus. Than Dao, ein mystischer Mann mit durchdringendem Blick, bittet die Gäste in sein Wohnzimmer. Dann denkt er lange nach, bevor er ein paar Worte herausbringt: Fotos von einer kompletten Schlangenzubereitung? Kräftig zieht er an seinem *dieu cay*, dem Rohr seiner Wasserpfeife. Dann diskutiert er mit seinen Söhnen Huy, Truong und Thiet. Sie kommen gemeinsam zu dem Schluss, dass die jetzige Mondkonstellation beim Fotografieren kein Unglück bringen werde. Nur bei den Bildern vom Töten der Schlange gäbe es ein Problem: Niemals dürfen drei Personen auf einem Fotos sein!

Schließlich erklärt Herr Dao das Ritual und die Speisefolge: Der Schlange werden das Herz und die Galle herausgeschnitten. Gallensaft und Blut werden mit Alkohol verdünnt und sofort getrunken, danach wird das Herz gegessen. Das gibt angeblich einen enormen Energieschub für Potenz und Abwehrkräfte. Für die Dosierung gilt: je giftiger das Tier, desto größer die Wirkung. Das Menü beginnt mit gebratener Kobra an Brokkoli und Wasserspinat, als Nachtisch empfiehlt der Chef Schlange in Pflaumensaft mit Lotoskernen und dazwischen Schlangensuppe mit geraspelten Knochen und Frühlingsrollen mit Kobrafüllung.

1 Mystischer Schlangenbeschwörer. **2** Die Kobra wird gefangen. **3** Der Todesstich. **4** Galle- und Blutentnahme. **5** Scharfe Mixtur – Schlangensäfte und Alkohol. **6** Der Potenz- und Gesundheitstrunk. **7** Vietnamesisches Viagra? **8** Schlangenhaschee. **9** Die Köchin. **10** Kobra mit Stäbchen. **11** Die Testesser Phuong, Hien und Tuan.

Bat Trang – Reisschüsseln für Millionen

Sehenswürdigkeiten
Das *Töpferdorf Bat Trang* mit seiner Keramik und seinen Töpferein ist weltberühmt, sie werden nach Frankreich und Japan exportiert. Die Brennöfen aus Ziegelsteinen sind mindestens aus dem letzten Jahrhundert – und seitdem ist das Feuer nicht erloschen.

Übernachten
Tagestour von Hanoi. Empfehlungen siehe Seite 137.

Essen und Trinken
Schlangenspezialitäten *Thanh Dao*, Viet Hung, Le Mat.

Das Restaurant ist sicherlich nicht jedermanns Sache, aber das betrifft nur das Menü. Es ist ein sehr gepflegtes Haus, wer es trotzdem nicht ausprobieren möchte, kann sich unauffällig vorbeischlängeln. Tel: 0084-4 8 274 295.

Besonders zu empfehlen
Ein kleiner Abstecher auf der Rückfahrt nach Hanoi in das Viertel *Hai Ba Trung* am Roten Fluss. Das Viertel besteht aus so schmalen Gassen, dass kein Auto durchkommt. Der kleine Markt ist sehr ursprünglich, Touristen verlaufen sich hierher äußerst selten.

Ankerplatz der Dschunken, vor dem Sonnenuntergang muss die Bucht verlassen werden.

Natur pur

Faszinierende Küste des Nordens

1

2

3

4

Womit hat der Drache geschmissen?

Die Bucht von Halong – und viele Legenden

Die einen sagen mit Felsbrocken, die anderen meinen mit Perlen. Wie verlief denn nun wirklich die Entstehungsgeschichte der Halong-Bucht, als die heilige Drachenmutter ihre Kinder, die Viets, vor den chinesischen Truppen beschützen musste?

Der offizielle Bericht liest sich so: Die Halong-Bucht, im Nordosten Vietnams gelegen, entstand vor 30 bis 50 Millionen Jahren, als sich der asiatische Meeresboden anhob. Die Muschelablagerungen aus der Tiefe kamen an die Oberfläche und verhärteten sich an der Luft und in der Sonne. Dadurch bildeten sich die typischen kegelförmigen Hügel dieser bizarren, geheimnisvollen Landschaft mit mehr als 2000 Fels- und Kalksteinbrocken, vielen Tropfsteinhöhlen – und ebenso vielen Legenden.

Der inoffizielle Bericht lautet so: *Ha Long* – der »herabsteigende Drache« – wurde von den Göttern geschickt, um an der Ostküste für Ruhe und Ordnung zu sorgen – die Chinesen hatten mal wieder Appetit auf das fruchtbare Land der *Viets* angemeldet und wollten es mit ihrer großen Flotte überfallen. Darüber war die Drachenmutter so erbost, dass sie mit Riesenschritten aus dem hohen Norden über die Tonkineser Alpen entschlossen zum Tatort an der Küste schritt und mit ihrem langen Schwanz wie wild um sich schlug. Dabei zertrümmerte sie alle Felsen in der Nähe und die herumfliegenden Felsbrocken zerstörten die großen Schiffe. Den Rest der Flotte fauchte sie Feuer speiend in die Flucht. Seitdem stehen die Felsen aufrecht wie Wachtürme in der Halong-Bucht und kein Schiff kommt mehr unentdeckt herein.

Aber es gibt noch eine sanftere Version: Statt der geschilderten aggressiven Haltung soll die Drachenmutter sehr behutsam eine Handvoll Perlen in die Bucht gestreut haben. Und daraus entstanden dann die 2000 Felsen und Inselchen, die diese Bucht zu einem der sehenswertesten Plätze dieser Erde gemacht haben. Diese friedfertige, poetische Variante gefällt vielen Vietnamesen besser, denn ganz gefahrlos ist es ohnehin nicht in diesem Paradies. Die Chinesen mit ihrer Flotte werden wohl demnächst nicht kommen, dafür aber so mancher Taifun. Mehrmals im Jahr kommen sie vom Südchinesischen Meer her und verursachen erhebliche Schäden. Für die dort lebenden 300 Fischerfamilien, die seit

1 Aus der Halong-Bucht frisch auf den Tisch – Lunch auf dem Oberdeck. **2** Dschunkenkäpitän Tung setzt auf Motorkraft. **3** Ohne Kamera geht nix – eine japanische Familie auf Höhlentour. **4** Sicherer geht's nicht – mit Drachenschutz durch die Bucht.

1 Mit Booten in die Unterwelt – eintauchen in die größte Höhle der Bucht. **2** Endlich wieder Sonne – Licht am anderen Ende der Höhle. **3** Hier stand schon »Onkel Ho« – Aussichtspunkt und Eingang zur Grotte Hanq Dau Go. **4** Mit dem Kajak durch die Bucht – Ausflug vom Raddampfer »Emeraude«. **5** Höhlenzauber mit farbigem Licht – Stalagmiten in Blau und Rosé.

Generationen auf ihren schwimmenden Häusern mitten in der großen Halong-Bucht wohnen, heißt es dann, schnell die Höhlen und Grotten aufzusuchen. Sie bieten wirklich Zuflucht und Sicherheit für die Fischerleute. Sogar oft weit mehr Schutz als Verstecke an der nahen Küste.

Seit die Halong-Bucht zum UNESCO-Weltnaturerbe erklärt wurde, dürfen sich zum Schutz der Natur keine weiteren Familien in der Bucht ansiedeln. Aber das nützt eigentlich nicht viel, denn das Prädikat zieht immer mehr Besucherströme an und die bringen neue Risiken mit sich. Langfristig kann das schlimmere Umweltauswirkungen haben als die jährlich wiederkehrenden Taifune.

Doch die ersten Anzeichen von Aufklärung zusammen mit aktivem Umweltschutz sind schon zu spüren. Der Bestand von Dschunken und Booten soll vorläufig nicht erweitert werden; ein neuer Hafen sorgt für besseres Einschiffen von Tausenden Passagieren aus aller Welt. Eine weitere Hoffnung ist, dass an Bord der Dschunken die Entsorgungsprobleme umweltbewusster geregelt werden, so wie das jetzt schon teilweise der Fall ist.

Die Matrosen, Bedienungen und Passagiere auf den Dschunken gehen sicher neuerdings pfleglicher mit Plastiktüten voller Müll um – und auch die blau schillernden Ölflecken auf dem smaragdgrünen Wasser kommen bestimmt nicht von ihnen.

Am Rande der Halong-Bucht führen wichtige Schifffahrtslinien vorbei; es gibt auch große Industrieanlagen mit Kohletagebau, die Abwasser und Dreck ohne Ende produzieren. Jetzt endlich, nachdem die UNESCO-Kommission gedroht hat, den Vietnamesen das Prädikat »Weltnaturerbe« zu entziehen, werden Kurskorrekturen für die Schiffe vorgenommen und Klärwerke gebaut. – Das ist dann wohl die moderne Variante des »herabsteigenden Drachen« der jetzt UNESCO heißt und diesmal den Vietnamesen auf die Finger klopft.

Die Fahrt von Hanoi nach Ha Long dauert etwa drei Stunden mit dem Auto. Auf der Fahrt gibt es nichts Aufregendes zu sehen. Nach

4

5

der frühen Abfahrt in Hanoi passt ein Nickerchen ganz gut in die Reiseplanung bis zum Dschunkenhafen in Ha Long. Der ist allerdings nicht ganz so romantisch, wie allein schon der Name »Dschunke« suggerieren mag. Der nüchterne Betonbau könnte auch an der Ostsee stehen – spätestens beim Zahlen der vielen »Toiletten-Dong« wird klar: Der Tourismus hat hier alles im Griff. Nix wie weg, aber wie findet man »seine« Dschunke? Ein Mastenwald lässt nicht den geringsten Durchblick zu. Die Holzboote liegen in Viererreihen am Kai. Und babylonisches Sprachengewirr erstickt die verzweifelt vorbereitete Frage: »Wo ist meine Dschunke?« Die Reisetasche ist allerdings schon lange in vietnamesischen Händen und an Bord – aber auf welcher Dschunke?
Der Höhepunkt des Einschiffens kommt ohnehin noch:
Das ist die schmale Holzplanke vom Kai zur Dschunke, von Reling zu Reling. Eigentlich möchte jeder freiwillig vor dem Betreten alle Wertsachen abgeben, so unwahrscheinlich scheint eine trockene Überquerung zu sein. Doch dem Mutigen gehört die Dschunke, flinke vietnamesische Hände greifen unterstüzend ein und bevor man begreift, was los ist, hat man die Schaukelplanke über die trübe Hafenbrühe schon hinter sich. Die zauberhafte Kabine auf der »Bai Tho Dschunke« lässt alle Pein vergessen. Und vor den gemütlichen Kojen steht das Gepäck – wie von Zauberhand muss es dorthin gekommen sein, alle Sorgen waren mal wieder unnötig.
Die Ausfahrt aus dem Hafen von Ha Long ist ein herrliches Schauspiel: Die Engländer trinken Brandy und wetten, dass die Schiffe sich gegenseitig versenken. Die Franzosen öffnen einen Champagner und sagen: »Mon dieu!« Die Deutschen zischen ein kaltes »Ha Noi Beer« und beraten einen besseren Kurs für den Käpt'n.
Der heißt Tung und nimmt das mit Humor. Er steuert das Schiff schon seit vielen Jahren durch die Bucht, aber immer mit Motorkraft. Die Segel lässt er nur für die Passagiere setzen, weil es so schön aussieht. Man spürt, dass ihm der Job am Ruder viel Spaß macht. Gerne erklärt Käpt'n Tung auch die fantasievollen Bedeutungen der Felsblöcke. Dann fährt er um Seeungeheuer mit Schildkrötenkopf herum, weicht im letzten Moment einem Drachen aus und manöveriert geschickt einem angreifenden Tiger davon.

1 Überblick aus der Sicht des Drachen – vom Mastkorb der Dschunke. **2** Nicht kitschig – Natur pur. Der Nachtankerplatz der Dschunken. **3** Das »Bai-Tho«-Team – Kellner Nga, Chefkoch Tuyen und Bedienung Truong. **4** Kajüte der »Bai Tho«. **5** Restaurantdeck der Indochina-Sails-Dschunke. **6** Luxuskabine auf der Indochina-Sails. **7** Kajüte der Indochina-Sails-Dschunke.

Lächelnd zeigt er plötzlich nach oben in den blauen Himmel. »Da, sieh mal, Adler!«, sagt er stolz. Nirgendwo gibt es noch so viele verschiedene Tierarten wie in der Umgebung der Halong-Bucht.
Zum Sonnenuntergang steuert Käpt'n Tung in eine wunderschöne Bucht, die er allerdings nicht selber ausgesucht hat. Alle Dschunken ankern an diesem vorgeschriebenen Platz. Das ist strenge Umweltvorschrift, hat aber auch seinen Reiz: Die Ansammlung der beleuchteten Dschunken bei Sonnenuntergang vermittelt eine märchenhafte Szenerie. Und wenn die Sonne untergegangen ist, zeigen auch die Köche in der kleinen Kombüse, dass sie zaubern können: Es gibt Seafood direkt aus der Halong-Bucht in dem holzgetäfelten Restaurant auf dem Oberdeck. Das ist nur einer der Höhepunkte einer Dschunkenfahrt in der geheimnisvollen Halong-Bucht.

5

6

7

1

2

3

4

1 Sonnendeck des Raddampfers »Emeraude«. **2** Zurück aufs Mutterschiff – die Kajaks kommen. **3** Die Storys der »Emeraudes« – die Raddampfer aus der Kolonialzeit. **4** Luxuskabine auf dem Hauptdeck. **5** Bonjour im Bad. **6** Mit Funksprech und Speedboot – die Fotoassistenten von Indochina Sails.

Bei Sonnenaufgang wartet der Raddampfer »Emeraude« auf seine Passagiere. Ein Schiff, das auf den ersten Blick in die Halong-Bucht passt wie Champagner zu den Fischerleuten. Aber die »Emeraude« ist tatsächlich ein traditionelles Schiff aus der französischen Kolonialzeit.

Drei Brüder aus dem Süden Frankreichs, die mit Lebensmittel- und Opiumhandel in Indochina reich geworden waren, bauten sich eine kleine Flotte für die Halong-Bucht auf. »Emeraude«, »Rubin«, »Perle« und »Saphir« hießen ihre Schiffe. Es waren tatsächlich touristische Diamanten ihrer Zeit. 1937 versank die »Emeraude« vor Hai phong . Die anderen Schiffe gingen mit dem Ende der Kolonialzeit unter. Die neue »Emeraude« wurde 1999 nach dem Bild einer Postkarte auf der Schiffswerft von Hai phong nachgebaut. Seit dem Jahr 2002 macht sie wieder exklusive Kreuzfahrten in der Halong-Bucht.

5

Die Bucht von Halong – und viele Legenden

Sehenswürdigkeiten
Hang Dau Go, Grotte mit dem schönsten Aussichtspunkt über die Bucht. Besuch bei den schwimmenden Dörfern.

Übernachten
Übernachtungen auf Dschunken und dem Raddampfer »Emeraude«. Kabinen und Kojen sind, je nach Preisklasse, einfach bis komfortabel und teilweise sogar luxuriös ausgestattet.

Essen und Trinken
Die Restaurants auf den Schiffen bieten eine gemütliche Atmosphäre mit Ausblick auf die dahingleitende Bucht. Herrliches Seafood aus der Bucht, frisches Gemüse, edle Weine.

Besonders zu empfehlen
90 Stufen Aufstieg zur Hang-Dau-Go-Grotte mit riesigen Höhlen. Kajakfahrt vom Raddampfer zu den schwimmenden Dörfern. Fototour im Sonnenuntergang mit den Beibooten!

6

Auskunft
In jedem Fall einen erfahren Reisepartner wählen:
Bai Tho Tourist Ltd.Co., 175 Cao Xanh, *Halong City*, Tel: 0084 33 826 274, Office *Hanoi* Kim Tours & Travel: 62 Hang Bo Str., Tel: 0084 4 9124340
E-Mail: info@baithojunk.com: www.baithojunk.com
Emeraude Classic Cruises Mr. Kurt Walter, c/o Press Club, 59A Ly Thai To Street, *Hanoi* Tel: 0084 4 934 0888, Hotline: 0084 913 028 100, E-Mail: sales@emeraude-cruises.com, www.emeraude-cruises.com
Exotissimo Travel, Main Office, 26 Tran Nhat Duat St., *Hanoi*, Tel: 0084 4 828 2150, E-Mail: info@exotissimo.com, www.exotissimo.com
Asia Explore Mr. Nam, 87 Nghia Thuc Str. Ho-Chi-Minh-Stadt, Tel. 0084 8 2123133/9242092, E-Mail: asia-explore@vnn.vn www.asia-explore.vn
Indochina Sails, Huong Hai Junks Co., 1 Bai Chay, *Halong City*, Tel: 0084 33 845042, Hotline: 0904 223 626, Pier-Hotline: 0904 223 616,
E-Mail: ngahuonghai@halongdiscovery.com, www.indochinasails.com

1

2

3

4

Die versteckten Schönheiten

Dreieckstour Hanoi – Ninh Binh – Cuc Phung

Die drittgrößte Stadt, die drittschönste Oper,
ein erstklassiges Hotel – rudernde Frauen, eine trockene Bucht,
ein nationaler Park – eine Erlebnistour der besonderen Art.

Es führen nicht viele Wege nach Hai Phong, aber sehr viele daran vorbei. Meistens sind es nur Durchreisende, die in dieser größten Hafenstadt Vietnams landen. Sie werfen einen kurzen Blick auf die Stadt und machen sich dann schnell wieder auf den Weg. Mit dem Auto in das 100 Kilometer entfernte Hanoi oder mit dem Speedboot Richtung Cat Ba in die Halong-Bucht.
Wer allerdings eine Dreieckstour Hanoi – Ninh Binh – Cuc Phung – Hanoi macht, sollte sich eine Übernachtung in Hai Phong gönnen. Dort hat man gute Chancen, eine geruhsame Zeit zu verbringen, denn Hai Phong wird als sehr gemütlich empfunden. Eine Lebensart, die ziemlich untypisch für Vietnam ist, aber gerade deswegen ihren besonderen Reiz hat. Das Harbor-View-Hotel ist dafür die beste Wahl: Es zeichnet sich durch elegante Zimmer und ein schönes Ambiente aus – leider aber ohne Hafenblick.
Der Hafen ist weiter weg und mit dem Golf von Tonking durch einen 20 Kilometer langen Kanal verbunden. Wie es vor hundert Jahren hier aussah, zeigt ein großes, historisches Gemälde über der Rezeption. Das Bild macht Lust auf einen Bummel durch das alte französische Viertel, hier stehen immer noch die gleichen Bäume wie in der Kolonialzeit: Flammenblumenbäume in Rot, Rosa, Weiß und Violett, so weit das Auge reicht, deshalb heißt Hai phong auch »Stadt der Flammenblumen«. In der Straße Tran Phu direkt am Hotel beginnt der Rundgang. Sofort ist zu spüren, wie sehr die hundertjährige Kolonialherrschaft diese Stadt geprägt hat. Über den Boulevard de la République, der jetzt Hoang Dieu heißt, geht es durch dicht bewachsene Gärten zum Post Office. Hier kann eine sehr schöne Sammlung alter Briefmarken bewundert werden. Die Postbeamten sind stolz, wenn man sie darauf anspricht. Die Straße Hoang Van Thu mit ihren alten Villen führt zur katholischen Kirche und dann zu der hübschen Oper. Hier treffen sich inzwischen allerdings öfter die Anhänger der Kommunistischen Partei als die Operntenöre. Der Markt mit seinen riesigen Blumenständen ist auf dem Platz vor der Oper zu finden. Die leuchtenden Far-

1 Die vergessene Oper von Hai Phong – hier tagt die Partei. **2** Für die Unterwasserwelt im Wohnzimmer – Zierfischmarkt in Hai Phong. **3** Rudern mit den Füßen – in der »trockenen Halong-Bucht«. **4** Hey, was guckst du – Fisch oder Fernsehen?

1

2

3

ben der Blumen liegen im direkten Wettstreit mit den Farben der Zierfische in den vielen großen Aquarien an den offenen Marktständen. Sie geben ein skurriles Bild zu den üblichen Waren ab – Aquaristik ist in Vietnam ein sehr verbreitetes und beliebtes Hobby. Der Umgang mit den äußerst kostbaren Fischen ist allerdings ein bisschen gewöhnungsbedürftig. Die Zierfische werden in Plastikbeuteln übereinandergestapelt und auf dem Fahrrad transportiert. Wie bei uns der Pizzaservice liefert dort der Händler seine weichen Beutel mit der zappelnden Ware frei Haus. Das hat natürlich einen besonderen Hintergrund: Weil die Farben der Zierfische mit der Komposition des maritimen Arrangements in den Aquarien zusammenpassen müssen, gehört der Umtausch der Fische vor Ort zum Angebot.

Am Rande des Marktes gibt es nette Garküchen mit leckeren Köstlichkeiten. Fremde werden hier sehr freundlich begrüßt. Am brodelnden Kochtopf dürfen sie aussuchen, womit die Reisschüssel gefüllt werden soll. Meistens führt das zu großer Belustigung der Vietnamesen: Die »Langnasen« lassen die besten Sachen im Topf: Hühnerbeine, Entenköpfe, leckere Innereien.

Die Küche in dem eleganten Harbor-View-Hotel ist in jedem Fall auch zu empfehlen. Der Spaziergang zurück führt an vielen kleinen Läden vorbei, dort findet man herrlich kitschige Kopien von Renoir, Monet, van Gogh. In ihrem Sortiment fehlen allerdings Artikel für Touristen. Ob das wohl den Charme der Stadt ausmacht?

Die untere Spitze der Dreieckstour ist das Delta des Roten Flusses, der Reiskammer des nördlichen Vietnams. Das landschaftlich schönste Gebiet liegt bei Ninh Binh, bei der »trockenen Halong-Bucht«. Hier stehen kegelförmige Hügel, Höhlen und Grotten – wie in der nassen Schwesterlandschaft. Ihre Entstehungsgeschichte muss ähnlich gewesen sein. Mit dem Unterschied, dass sich das Wasser in langen Labyrinthen verteilt und die Reisfelder durchzieht. Hier im langen Boot mit »den rudernden Frauen von Tam Coc« durch die Landschaft zu gleiten, ist ein Erlebnis. Der Höhepunkt ist die Einfahrt in die drei Grotten. Die größte, die Hang Hai, ist immerhin 60 Meter lang und 18 Meter breit. Für manche ein bedrückendes Gefühl, sie ist nur 2 bis 3 Meter hoch.

Im Cuc-Phung-Nationalpark hat man wieder mehr Platz. 45 Kilometer westlich von Ninh Binh liegt der riesige und erste Nationalpark Vietnams. »Onkel Ho« persönlich hat schon 1962 beschlossen, die Landschaft unter Schutz zu stellen. Noch heute gibt es hier einen Artenreichtum, wie selten auf der Welt. Den Cuc-Phung nennt man deswegen auch die »Vietnamesische Arche Noah«. Zwei Gräber mit Überresten aus der Jungsteinzeit beweisen, dass hier auch schon sehr früh die Vorfahren der Menschen siedelten.

4

5

1 Morbider Glanz – das Franzosenviertel von Hai Phong. **2** Feine Gerichte, frische Salate, fröhliche Menschen – Garküche am Marktplatz. **3** Die rudernden Frauen von Tam Coc. **4** Reisbäuerin in der trockenen Halong-Bucht. **5** Guide Tuan und der älteste Baum Vietnams. **6** Das Habor View Hotel in Hai Phong.

Dreieckstour Hanoi – Ninh Binh – Cuc Phung

Sehenswürdigkeiten
Stadtspaziergang durch das alte Viertel mit Markt und Oper. Die renovierte Kathedrale und besonders das Gemeindehaus *Dinh Hang Kenh*, das schönste Gebäude der Stadt mit vielen Holzschnitzereien. Ninh Binh, *Tam-Coc-Nationalpark, die trockene Halong-Bucht, Cuc-Phung-Nationalpark*.

Übernachten
Harbor View Hotel, Royal Garden Resort, 4 Tran Phu Street, *Hai Phong City*, Tel. 0084 31 827827 E-Mail: info@harbourview-vietnam.com, www.harbourviewvietnam.com
Thuy Anh Hotel, 55A Truong Han Sieu Str. *Ninh Binh Town*, Tel: 0084 30 871 602, Mobil: 0913 518 155
E-Mail: thuyanhhotel@hn.vnn.vn, www.thuyanhhotel.com

6

Essen und Trinken
Harbor-View-Hotel, Royal Garden Restaurant. Beste Küche für anspruchsvolle Gäste. *Com Viet*, schickes Restaurant mit freundlicher Bedienung, gutes Essen für verwöhnte Vietnamesen. Die Biergärten in der Nähe des Theaters sind für einen lockeren Aufenthalt sehr zu empfehlen. Es ist einfach lustig, mit den Vietnamesen eine Maß zu stemmen. Wenig Touristen. Am Cho-Ga-Markt gibt es viele Garküchen, die gerne für Touristen kleine Extraportionen für den europäischen Geschmack zurechtmachen.

Besonders zu empfehlen
In Hai Phong lohnt sich ein langer Stadtspaziergang durch das alte Viertel mit Markt und Oper. In der Gegend um Ninh Binh und am Tam-Coc-Nationalpark, zeigt die Natur eine tolle Vorstellung. Eine *Ruderbootfahrt* mit den Frauen ist zu empfehlen. Allerdings ist der Schock an der Anlegestelle erst mal groß: Betonterrassen und Wartenummern für Touristen. Im Cuc-Phung-Nationalpark kann man, rein theoretisch, noch Tigern begegnen. Hai Phong ist insgesamt ein guter Ausgangspunkt für Ausflüge nach Cat Ba in die Halong-Bucht.

Auskunft
Exotissimo Travel, Main Office, 26 Tran Nhat Duat St., *Hanoi,* Tel: 0084 4 828 2150, E-Mail: info@exotissimo.com, www.exotissimo.com
Asia Explore Mr. Nam, 87 Nghia Thuc Str. Ho-Chi-Minh-Stadt, Tel: 0084 8 2123133/9242092, E-Mail: asia-explore@vnn.vn, www.asia-explore.vn

Jeden Samstag in Can Cau – die Dzao und Hmong pflegen hier ihre Traditionen.

Liebesmarkt und Zuckerrohr

Die Bergvölker im Norden

1

2

3

4

Besuch bei den Nordlichtern

Hanoi, Mai Chau – und der lange Weg nach Sapa

»Wo wir sind, ist oben«, das können die Völker in den Bergen von Nordvietnam zu Recht sagen. Ihre traditionelle Lebensweise »zwischen Himmel und Erde« pflegen sie selbstbewusst in handgestickter Tracht, mit ihren Liedern und Volkstänzen.

Es gibt keinen Anfang, es gibt kein Ende. Es gibt nur ein Mittendrin. Mittendrin im dicht besiedelten Gebiet von Vietnam. Im Delta des mächtigen Roten Flusses lebt fast ein Drittel der Bevölkerung und die sind wohl schon alle morgens um sieben auf der Nationalstraße 6 zwischen Hanoi und Mai Chau unterwegs. Stau gibt es trotzdem nie, alles fließt gemächlich – so wie die Gedanken. Zum Beispiel: Warum hört ein Ort nie auf und warum fängt der nächste Ort nie an? Die Antwort ist einfach: Weil die Vietnamesen immer in der ersten Reihe sitzen müssen, das ist für sie überlebenswichtig. Jeder Haushalt hat irgendetwas anzubieten: Nudelsuppe, Cola, Brot oder Sonderservice wie Moped waschen, Ohren säubern oder Haare schneiden. Aber weil die Häuser aus Steuergründen nach vorne so schmal gebaut werden, ergibt sich wenig Frontfläche für die Kundenwerbung. Also muss man für die vorbeifahrende Kundschaft so dicht wie möglich an die Asphaltkante rücken. Aber wer einmal eine Suppe neben den »Spiel-mir-das-Lied-vom-Tod« singenden Zwillingsreifen der Tanklaster geschlürft hat, der gibt den Löffel gerne wieder ab.

Fortschrittliche Garküchenrasthäuser haben deswegen spezielle Stuntmen engagiert, die sich aus allen erdenklichen Situationen heraus vor die Fahrzeuge schmeißen. Millisekunden vor dem unvermeidlichen Aufprall und nach der Vollbremsung halten sie lächelnd die Speisekarte ans Autofenster. Falls die Asphaltartisten den Fahrer oder den Tourguide – natürlich rein zufällig – kennen, ist die Mittagspause gerettet.

Werbung auf Vietnamesisch, aber egal: Nudeln machen gute Laune und die Landschaft wird immer schöner. Der Song Da, der Schwarze Fluss, hat sich neben die Straße gesellt und in der Ferne zeichnen sich die ersten Bergmassive im Dunst über den Reisfeldern ab. Noch merkt man den Anstieg in höhere Regionen kaum, doch die überladenen Lastwagen haben schon fettere Dieselschwaden, die Fahrradfahrer strampeln mit weniger Umdrehungen.

1 Holz für die Hütte bei Son La. **2** Tee mit Honig in den Bergen? Kein Problem, Honig gibt es am Straßenrand. **3** Fächertanz im Stelzenhaus – traditioneller Abend in Ban Lac. **4** Wasserbüffel in den Reisterrassen – der Traktor des kleinen Mannes.

1

2

3

4

Kurz vor Hoa Binh beginnt der 150 Kilometer lange Song-Da-See, ein aufgestauter Teil des Schwarzen Flusses. Der nette Tourguide für den Norden mit dem Namen Chu Tan, der aber Tan und nicht *Chu* genannt werden möchte, kann gut erklären, was es in dieser Gegend noch zu sehen gibt: Vietnams größtes Wasserkraftwerk, ein Geschenk der Sowjets. Auf der hohen Staumauer kann man einen Rundgang machen, eine übergroße Statue von »Onkel Ho« wacht dabei über die Besucher. In der Jungsteinzeit wachte vermutlich der »Hoa-Binh-Mensch« über diese Gegend. Archäologen haben hier nämlich Spuren vorgeschichtlicher Besiedelung gefunden.
Warum Chu Tan nicht *Chu* genannt werden möchte, erklärt er lachend in sehr gutem Deutsch. *Chu* sprechen die Deutschen wie *Schuh* aus, das findet er nicht so witzig. Tan ist ein hervorragender Fotograf und für seine Gäste betätigt er sich gerne als äußerst zuverlässige »Motivklingel«. Automatisch lässt er anhalten, wenn es einen schönen Platz in der herrlichen Landschaft gibt. Nach endlosen Serpentinen und unzähligen Spitzkehren, kurz vor der Abzweigung nach Mai Chau, gibt es so einen Platz. Der Panoramablick auf das Tal von Mai Chau ist atemberaubend, ob mit oder ohne Kamera, die unglaubliche Schönheit dieses Landes macht andächtig. Der Wind trägt Geräusche aus dem fünf Kilometer entfernten Ort zur Passhöhe hinauf. Das steigert die Vorfreude noch weiter, denn hinter Mai Chau, in dem weiten Tal, liegen die Dörfer mit den Pfahl-

1 Stelzenhaus mit Gästebetten – bei den Weißen Tai in Ban Lac.
2 Alle auf die Matte – Großfamilie mit internationalen Gästen im Wohn-, Ess- und Schlafraum. **3** Nach der Ernte ist vor der Ernte – die Reisfelder zwischen Ban Lac und Mai Chau. **4** Vorbereitung mit Kind und Katze – Kräuterzupfen für den guten Geschmack.
5 Von Suppe bis Salat, von Fisch bis Fleisch – Sechs-Gänge-Menü im Bergdorf.

häusern der Weißen und Schwarzen Tai, die zu den größeren Bevölkerungsgruppen von 54 ethnischen Minoritäten gehören, die in den Bergen und Hochländern Vietnams leben.

Die Reisterrassen zeigen sich zwischen November und Mai allerdings nicht im verträumten Smaragdgrün. Die begehrte Fotoszenerie wird von Brauntönen aus Lehmboden und Reisstoppeln beherrscht. Nur manchmal zieht als Farbklecks ein vietnamesisches Hängebauchschwein mit einer Delegation kleiner Ferkel über die Terrassen. Grunzend gründeln sie dann mit ihren langen Schnauzen im Matsch, irgendetwas finden sie immer, auch wenn es keine leckeren Setzlinge sind. Denn nach der Ernte ist erst einmal Ruhe im Reisfeld, da wird sich um die Bewässerung gekümmert oder um andere Pflanzen. Zu tun gibt es genug und bald beginnt der ewige Kreislauf von Neuem. Bis die Bauern mit ihren Wasserbüffeln und einer Holzegge, wie aus biblischen Zeiten, den Boden wieder locker gemacht haben, vergeht aber einige Zeit. Die Reisbauern, die sich den »vietnamesischen Traktor des kleinen Mannes«, den Wasserbüffel, nicht leisten können, richten ihre Felder mit der

Handegge her. Ein harter Job in gebückter Haltung für die ganze Familie, der auch von Büffelbesitzern gemacht werden muss. Immer ist der mächtige Vierbeiner nicht einsetzbar: Manchmal ist es zu steil, zu unwegsam oder zu heiß. Das gutmütige Tier hat Grenzen – der Büffel ist nun mal keine leichte Bergziege. Außerdem hat er im wahrsten Sinne des Wortes einen dicken Kopf, er mag verhätschelt werden. Trotzdem wird er von den Vietnamesen sehr geliebt und gepflegt – das besorgen vor allem die Kinder gerne. Wegen seiner sonnenempfindlichen Haut übergießen sie ihn oft mit Wasser. Zur Belohnung dürfen sie auf ihm reiten, liegen, sogar auf ihm schlafen. Ein Bild für die Götter und eins der beliebtesten Motive für Fotografen.

Irgendwo in diesen Tälern soll die Wiege der Vietnamesen gestanden haben. Das kann man sich bei dem Anblick gut vorstellen und die Legende dazu ist zauberhaft: »Au Co«, die Prinzessin der Bergwelt, hatte sich hier mit dem Drachen der Meereswelt »Lac Long Quan« getroffen. In ihrer großen Liebe zeugten sie 100 Kinder. Die sollten in ihren unterschiedlichen Welten aus Bergen und Meer unsterblich werden. Dafür mussten sie sich allerdings schmerzhaft trennen: Eine Hälfte der Kinder folgte dem Vater ans Meer, die andere Hälfte ging mit der Mutter in die Berge. Aus diesen göttlichen Kindern wurden die Vorfahren der Vietnamesen und die haben beides im Blut: die Berge und das Meer.

Aus Asphalt ist schon lange Sand geworden und eigentlich ist der moderne Geländewagen viel zu breit für den kleinen Fußpfad zwischen den Reisfeldern. Kurz vor dem Ziel, dem Dorf Ban Lac, dann die Begegnung zwischen gestern und heute: Welcher Büffel muss Platz machen? Mit großem Respekt entscheidet sich der Fahrer. Er lenkt in den Matsch und lässt den Wasserbüffel passieren, dann ist der Weg frei nach Ban Lac, einem Dorf der Weißen und Schwarzen Tai mit den typischen Stelzenhäusern auf dicken Baumstämmen. Der Versammlungsraum für die Großfamilie ist in etwa drei Metern Höhe über dem Boden. Der Fußboden besteht aus durchgesägten Bambusrohren; geflochtene Matten aus Reisstroh überdecken die Ritzen zwischen den Stangen nur halb. Das ist praktisch;

1 Keine Angst vor bösen Geistern – Tourguide Chu Tan gibt Einblick in die digitale Wunderwelt. **2** Zu Fuß aus den Bergen zum Markt in Son La. **3** Spagat zwischen den Welten – traditionelle Frisur und modische Jacke. **4** Neue Besen kehren gut – so wurden sie schon immer gebunden. **5** Nachtlager im Stelzenhaus.

es dient der Belüftung, und durch einige Ritzen werden Essensreste direkt in den Hof gekehrt. Das hält die Wohnung sauber und die Hühner freuen sich darüber. Hinten im Dorf wird gerade ein neues Haus gebaut, die Konstruktion ist genial: Die Baumstämme für die Hauptträger sind so mächtig, dass sie mindestens einen Taifun überstehen würden. Dicke Bambusstangen dienen als Dachlatten, Schilf deckt es ab. Die Wände aus Bastgeflecht und das Dach können schnell erneuert werden, eine der Natur angepasste Architektur, die sich seit Generationen bewährt hat.

Frau Nga lädt Gäste höflich ein und bittet zu Tisch, besser gesagt zu Boden, denn hier wird traditionell gegessen, zusammen mit der ganzen Familie, mit Kind und Kegel, Oma und Opa. In dem großen Gemeinschaftsraum spielt sich alles ab, was das tägliche Leben ausmacht: Essen, Trinken, Reden. Das ist die beste Grundlage, um auch ernste Probleme anzusprechen. Die Versammlung um die üppig gefüllten Reis-Gemüse-Fisch-und-Fleischschüsseln ist für die Vietnamesen voller Symbolik. Damit die Reisschüsseln immer wieder gefüllt werden können, müssen Familie und Dorfgemeinschaft zusammenhalten – und das wird damit deutlich demonstriert. Für manchen westlichen Besucher bleibt das die schönste Erinnerung an den Aufenthalt im Dorf.

Hanoi, Mai Chau – und der lange Weg nach Sapa

Sehenswürdigkeiten
Auf der langen Fahrt lohnt sich immer wieder ein Stopp in den kleinen Dörfern am Wegesrand der *Muong* (oder *Dao*). Tanz und Gesangsdarbietungen in den *Stelzenhäusern* von *Ben Lac*.

Übernachten
Hanoi / Mai Chau, House of Mrs. Nga, *Ban Lac*, Kontakt: Mrs. Nga, Tel/Fax: 0084 18 867 378, *Mai Chau / Son La*, Cong Doan Hotel, *Son La* Kontakt: Mr. Long, Vice Director, Tel: 0084 22 855314, Fax: 0084 22 855312

Essen und Trinken
Die Restaurants in den Hotels und die kleinen Garküchen auf der Fahrt sind zu empfehlen, das Abendessen mit einer Familie im *Stelzenhaus in Ban Lac* ist ein besonderer Genuss der

5

lokalen Gerichte dieser Gegend. Das Frühstück ist etwas ungewohnt: Reis und Suppe. Baguette gibt es auf der Weiterfahrt in Mai Chau, gewohnten Kaffee zu bekommen ist schwer. Ein Gläschen Nescafé im Gepäck kann da weiterhelfen.

Besonders zu empfehlen
Tanz und Gesang mit den Dorfbewohnern, den Bambustanz sollte man selber mal versuchen, es ist ein verflixt komplizierter, einfacher Bewegungsablauf, die Füße im Takt zwischen den runden Halmen zu bewegen. Die Vietnamesen machen es genau vor, es müsste klappen – aber genau das passiert nicht. Hilflos verstricken sich die Touristen im Gewirr der Stangen, aber es macht riesigen Spaß. Der köstliche Reisschnaps dabei ist gegen Hemmungen gut, für elegante Performance eher nicht. Zuschauen beim Bau eines Stelzenhauses, die stabile Konstruktion kann mühelos einen Taifun überstehen.

Auskunft
Exotissimo Travel, Main Office, 26 Tran Nhat Duat St., Hanoi, Tel: 0084 4 828 2150
E-Mail: info@exotissimo.com,
www.exotissimo.com

1

2

3

4

Höher geht's nicht

Mount Phan Si Pan, Sapa und die lächelnden Hmong

Geradezu abenteuerlich mutet die Fahrt an: Kühe auf der Fahrbahn, ein schlafender Mopedfahrer, Holz für die Hütte, Sprengungen für den Fortschritt, ein bienenfleißiger Mann, ein Zimmer mit Aussicht und ein Markt für die Liebe.

Was man stündlich auf der langen Strecke zwischen Mai Chau und Sapa erleben kann, könnte wahrlich einen Katalog für Abenteuerreisen unter der Rubrik Spezial füllen. Die Kühe auf der Fahrbahn sind dabei noch das kleinste Übel, das kennt man vom Almabtrieb in Österreich. Sprengungen sind auch nicht so aufregend, weil sie weit weg sind, doch die Straße bleibt danach stundenlang gesperrt. Spannend wird es allerdings, wenn riesige, wackelnde und wankende Holztürme den Weg versperren. Und unheimlich zugleich, wenn kleine Füße und dünne Beinchen dabei unter den hellen, kiloschweren Holzbergen hervorschauen. Das Rätsel des Ganzen löst sich durch eine Wende um 180 Grad: Hinter den Türmen steckt ein Gesicht, ein sehr hübsches sogar mit einem Lächeln von großer Freundlichkeit und Wärme. Die Last der Hmongfrau auf dem Rücken wird durch den erzwungenen Stopp für die Kamera noch schwerer und trotzdem – das Lächeln wird dieser Frau nicht zur Last.

Der schlafende Mann auf dem Moped ist keine große Geschichte, aber ein köstliches Bild und so typisch für dieses Land. Der vietnamesische Mann schläft überall und in jeder Stellung. Kein Stuhl ist zu klein, kein Brett zu schmal. Die Sitzbank der *Honda-Dream* reicht völlig aus für einen Mittagsschlaf am Straßenrand. Bei dem Markennamen sind die Träume natürlich inklusive. Zum Glück kommt für den tiefen Schlaf des Hondapiloten die Sprengung an der Straße erst nach seinem Nickerchen: Mit lautem Knall macht sich der Fortschritt Vietnams bemerkbar. Fast täglich reißen die Sprengungen für neue Straßen große, sandgelbe Wunden in die satte, grüne Landschaft. Hinter dem Hügel da vorne – dort, wo die neue Straße hinführen soll, liegt da die Zukunft?

Hinter der nächsten Bergkuppe liegt jedenfalls dichter Nebel. Durch die Türritzen des Jeeps kriecht statt gelbem Staub jetzt feuchter Dunst, es wird kühl. Höchste Zeit für heißen Tee mit Honig. Wie man den zu Hause zubereiten kann, weiß jeder, aber

1 Vietnams beste Bohne heißt Robusta – Kaffeeplantage zwischen Dien Bien Phu und Lai Chau. **2** Das Tor zum Himmel – Tram Ton, höchster Pass Vietnams. **3** Traumstraße in den Bergen – Päuschen auf der Honda Dream. **4** Neue Schlappen für den Liebesmarkt.

hier in den Bergen von Nordvietnam? Eine rote Flagge taucht im Nebel auf, ein Mann schwenkt sie munter. Wieder ein Asphaltstuntman vor einem Restaurant? Nein, eine Imkerei am Straßenrand, behauptet Tourguide Tan, er hat recht: Wasser ist schnell heiß gemacht, der grüne Tee wird langsam hineingetan – ein Traum wird wahr – bald trinkt man den wohltuend warmen, köstlichen Tee mit Honig. Der Imker Do Ngoe Ban ist 34 Jahre alt und arbeitet für die Zentralgesellschaft der Imkereien. Vermutlich ein harter Job in dieser Einöde, aber Ban ist ziemlich stolz auf sein Produkt: goldgelber Bienenhonig von allergrößter Reinheit.

Noch 130 Kilometer bis Son La: Im Trade-Union-Hotel, dem kommunistischen Gewerkschaftshotel, sind Zimmer reserviert. Das Hotel entpuppt sich als sehr schöne Unterkunft. Die Damen an der Rezeption sind bezaubernd. Tan ist zu beneiden, er flirtet perfekt mit ihnen, ob man nicht doch etwas Vietnamesisch lernen sollte?

Am nächsten Morgen auf dem herrlichen Markt von Son La sind Sprachkenntnisse nicht nötig. Hier gilt wieder das »Hände-Füße-Esperanto« wie auf der ganzen Welt. Das alte Son La wurde im letzten Krieg durch massive Luftangriffe der Amerikaner fast völlig zerstört. Im vorletzten Krieg, ab 1908, hatten die Franzosen hier ein Gefängnis für politische Gefangene installiert. Die dicken Mauern mit den eisernen Fußfesseln lassen zum Glück nur ahnen, was sich hier für Grausamkeiten abgespielt haben – Dien Bien Phu, die nächste Station der Reise nach Sapa schickt seine Schatten voraus. Hier also, am Rande der modernen Stadt Dien Bien, befindet sich der Hügel, auf dem die Kolonialherrschaft der Franzosen gewaltsam und endgültig gebrochen wurde. Das Museum in Dien Bien Phu gibt ausführlich und sachlich den Ablauf der Entscheidungsschlacht und deren Hintergründe wieder. An den Gedenksteinen und auf den Friedhöfen für die gefallenen französischen und vietnamesischen Soldaten kann man betrachten, was am Ende bleibt …

Genügend Zeit zum Nachdenken hat man auf der Weiterreise. Bis zur nächsten Übernachtung in Lai Chau sind es noch etwa 300 Kilometer, das bedeutet acht Stunden Autofahrt durch eine wunderbare Landschaft auf kurviger Straße, die inzwischen die Nummer 12 trägt. Genießen und nachdenken, das ist allerdings leichter gesagt als getan. Die Serpentinen rütteln wach, die Fotomotive verlocken immer wieder zum Anhalten.

Auf der Terrasse vom La-Anh-Hotel in Lai Chau sitzt eine zusammengewürfelte Truppe von Menschen, die nur so viel miteinander zu tun haben, dass sie Vietnam auf ihre ganz persönliche Art kennenlernen wollen: Ein Österreicher kommt zu Fuß, zwei spleenige Freunde aus USA und England mit völlig heruntergekommenen russischen Minsk-Motorrädern, zwei 60-jährige Herren aus

1 Die schönste Blume von Can Cau – ein 14-jähriges Flower-Hmong-Mädchen auf dem Liebesmarkt. **2** Keine Volksgruppe zeigt sich bunter als die Flower-Hmong. **3** Erfrischungsstäbchen – Zuckerrohr, der Pausensnack. **4** Qualitätskontrolle. **5** Kichernde Jungs – die unbeholfenen Verehrer.

2

3

4

5

1 Langer Aufmarsch aus den Bergen. **2** Markt der Völker in Bac Ha. **3** Kunststudentin aus Hanoi. **4** Funktionscheck am Feuerzeug. **5** Galadinner im Berghotel, Sao Mai. **6** Victoria Hotel Sapa. **7** Einfach aber herzlich, im Sao Mai Hotel, Bac Ha.

Deutschland mit dem Tourenrad von Hanoi. Die Wirtin des Hotels macht ihre Besorgungen auf einer himmelblauen Vespa aus Italien. Ganz international – und so herrlich verrückt!

Den Weckdienst am nächsten Morgen übernehmen die Minskpiloten. Um 5.30 Uhr starten sie ihre auspufflosen Maschinen. Aber das erschüttert niemanden in Vietnam – noch 180 Kilometer bis Sapa. Die Landschaft wird rauer, die Berge werden höher. Für manche Leute ist dieser Abschnitt der schönste Teil auf der ganzen Strecke. Allein der Tram-Ton-Pass, »das Himmelstor«, auf 1900 Metern Höhe ist einmalig. Der Mount Phan Si Pan, der höchste Berg Vietnams, ist in seiner ganzen Größe von 3140 Metern zum Greifen nahe. Wer es wagt, seinen Gipfel zu besteigen, 3–5 Tage Zeit hat und einen guten Führer, der wird reichlich belohnt. Richtung Norden lässt sich bis zu den Bergen Chinas sehen.

Auf der anderen Seite des Passes ändert sich das Wetter schlagartig, dicke Nebelsuppe versperrt die Sicht. Dass der Fahrer noch auf der Straße rollt, sieht man nur an den vorbeiflitzenden Mopeds mit Menschen darauf, die in signalfarbene Plastikumhänge gehüllt sind. Wie sie allerdings etwas sehen können, bleibt ein Rätsel. Endlich taucht das Ortsschild von Sapa auf und etwas später das wunderschöne Victoria-Hotel. Ein gut geheiztes Zimmer mit Aussicht über den ehemaligen Luftkurort der Franzosen ist die ideale Entspannung vor dem Höhepunkt der langen Reise. Auf der anderen Seite des Roten Flusses, nicht weit von der chinesischen Grenze entfernt, finden jede Woche zwei Märkte statt. Sie sind in ihrer Schönheit und Ursprünglichkeit einmalig: der Liebesmarkt in Can Cau und der Markt der Völker in Bac Ha. Auf dem ländlichen Markt von Can Cau treffen sich am Samstag die Bewohner der umliegenden Bergdörfer, um zu handeln. Die jungen Mädchen haben dabei noch etwas anderes im Auge – die Jungen. Es könnte ja einer dabei sein, der gefällt und das muss ihm ja irgendwie klargemacht werden. Also

werden die schönsten Kleider angezogen, der edelste Schmuck angelegt. Dann darf das Gesamtkunstwerk Hmong-Mädchen aus sicherer Entfernung bewundert werden. Die Jungs lümmeln sich auf ihren Mopeds und versuchen möglichst cool zu schauen. Ein Unterschied zu den westlich-pubertären Erstkontakten ist so schnell nicht zu erkennen, aber das macht diese liebevolle Betrachtung – mit einem innerlichen Seufzen – auch zu einem starken persönlichen Erlebnis. So ähnlich hat man es vielleicht selbst erlebt – und so läuft das nun mal auf der ganzen Welt ab.

In Bac Ha ist am Sonntag Markt der Völker, dann ist der kleine Ort das Zentrum der gesamten Gegend. Alles was die Menschen in den Bergen Vietnams gebrauchen können, liegt hier bereit: Seile, Nägel, Werkzeuge, Tabak und Gewürze, essbare Krabbeltiere – Spinnen – zum Glück auch Obst. Das bunte Farbenmeer von Trachten und Blumen der Schwarzen Hmong mit ihrem glänzenden Silberschmuck und der Roten Dzao mit ihren rot-gelb-grünen Kopfbedeckungen faszinieren. Als Variation kommen Karomuster in grellen Kombinationen hinzu. So mancher Modeschöpfer hat sich schon von diesen Trachten inspirieren lassen Auf diese Weise fand der Ideenreichtum der Bergvölker Nordvietnams den Weg in internationale Modehäuser.

Mount Phan Si Pan, Sapa und die lächelnden Hmong

Sehenswürdigkeiten
Das Poomcoong Village und der Markt von Son La, ebenso das ehemalige *Gefängnis von Son La*. In *Dien Bien Phu*: Die *Bunker* auf dem A1-Hügel und das *Dien-Bien-Museum*. Der Markt von Sapa. Höhepunkte sind, ohne Zweifel, die Ausflüge von Sapa zu den Märkten von *Can Cau* und *Bac Ha*.

Übernachten
Son La / Dien Bien Phu, Hanoi Hotel, *Dien Bien Phu* 297A, 7/5 road, Tel: 0048 023 825103, Fax: 0084 23 826290,
Dien Bien Phu / Lai Chau, Lan Anh Hotel 1, To 9, Song Da, *Lai Chau*,
Lai Chau / Sapa, Victoria Sapa Resort Hotel, Sapa, Kontakt: General Manager: Mr. Ronan Bianchi, Tel: 084 20 871522, Fax: 0084 20 871539, www.victoriahotels-asia.com
Sapa / Can Cau Markt / Bac Ha Sao Mai Hotel *Bac Ha*, Tel: 0084 20 880288, Fax: 0084 20 780352

6

7

Essen und Trinken
Nach der langen Fahrt und den einfachen Restaurants der letzten Tage sollte man sich das exzellente Restaurant des *Victoria Sapa Resort* gönnen. Hier gibt es bei Kaminfeuer und Kerzenschein die tollsten Gerichte aus asiatischer und französischer Küche. Der Service ist Spitzenklasse. Unten in Sapa, das *Victoria Hotel* liegt auf einem Hügel, gibt es eine große Auswahl verschiedener Restaurants jeder Qualitäts- und Preisklasse. Sapa rühmt sich der vielseitigsten Küche im Norden.

Besonders zu empfehlen
Der *Markt* von Son La. Das ehemalige *Gefängnis* in Son La. In *Dien Bien Phu*: Die *Bunker* auf dem A1-Hügel und das *Dien-Bien-Museum*. Stadtrundgang durch Sapa mit einem Bummel um den See. Die *Märkte* von *Can Cau* und *Bac Ha* sind allerdings absolute Höhepunkte, auch für die Fotourlauber.

Auskunft
Exotissimo Travel, Main Office, 26 Tran Nhat Duat St., Hanoi, Tel: 0084 4 828 2150
E-Mail: info@exotissimo.com,
www.exotissimo.com
Victoria Sapa Resort. Für Wanderungen in der wunderschönen Gegend kann man sich im Victoria Sapa Resort erkundigen. Hier gibt es eine gute Tourenberatung für alle Konditionen und zuverlässige Bergführer.

2

3

4

Öko in Vietnam? Logisch!

Hoang Lien – ein Hochtal mit Weitblick

Menschen, Natur und Tourismus unter einen Hut zu bekommen ist schwierig. Die »Öko-Lodge« mit ihren 25 Bungalows ist ein gutes Beispiel, wie es funktionieren kann. Sie wird von Einheimischen geleitet und beliefert. Das unterstützt die Menschen im Dorf.

In einer der schönsten Gegenden des Nordens, nicht weit vom Mount Phan Si Pan entfernt, dem höchsten Berg Vietnams, verbergen sich grandiose Hochtäler mit einer Weitsicht, die für Vietnam ungewöhnlich ist. In mehr als 1500 Metern Höhe überblickt man eine Landschaft, die eher an Tirol erinnert als an tropische Bergwälder. Hier, sagen die Bergbauern geheimnisvoll, könnte man noch Tigern begegnen. Die vietnamesischen Bergführer lächeln dazu und führen ihre Gäste sicher über die schmalen Wanderpfade zwischen Fels, kargem Gras und von Wasser glitzernden Reisterrassen. Die Minoritäten, die hier leben, sind von ausgesprochener Herzlichkeit, sie gehören zu den Schwarzen Tai und leben traditionell von der Landwirtschaft und ihren Haustieren.

In dieser Idylle hat sich vor zwei Jahren der Däne Jesper Kjeldsgaard einen Lebenstraum verwirklicht, die »Öko-Lodge«. Hier schmiegen sich 25 kleine Häuser im Halbkreis an einen Berghang und bieten den Gästen ein rustikales Zuhause. Alles, was hier verbraucht wird, wird auch selber erzeugt: Strom aus der Solarzelle, Wasser aus dem Bergbach, Gemüse und Fleisch aus der kleinen Landwirtschaft oberhalb der Siedlung. Die traditionelle Agrarwirtschaft der Dorfbewohner, gemeinsam mit der modernen Energieversorgung der »Öko-Lodge« zeigen hier neue Wege, wie Tourismus und Tradition zusammenfinden können. Einen Teil tragen die Schwarzen Tai-Frauen schon jetzt dazu bei. Zweimal in der Woche gehen sie stundenlang über beschwerliche Pfade zum Englischunterricht in das nächste große Dorf. Es ist ein sehr bewegendes Bild, wenn man diese kleinen Frauen in ihren bunten Trachten beobachtet. Fröhlich plaudernd machen sie sich über Stock und Stein auf den Weg in die Zukunft, ein Weg, den man mit diesen Menschen partnerschaftlich gehen sollte – und dabei muss die soziale Verantwortung mit Integrationsbereitschaft auf beiden Seiten an erster Stelle stehen. Der philosophischen Suche nach Lösungsmöglichkeiten sind dabei keine Grenzen gesetzt. Wichtig ist nur, dass man

1 Junges Gemüse – die Bio-Gärtnerinnen und ihre frischen Kräuter. **2** Begegnung in den Bergen – Frauen der Roten Dao. **3** Gemüsefelder vor der Hütte. **4** Strom von der Sonne, Wasser aus den Bergen, Gemüse von eigenen Feldern – das Konzept der »Öko-Lodge«.

1

2

3

dabei nicht ins Schwärmen gerät, denn die Menschen in den Bergen sind sehr selbstbewusst und traditionell – und das wollen sie auch weiterhin bleiben.
Das Beispiel mit dem Englischunterricht trifft dabei den Kern der Sache, die Menschen der Berge wollen etwas dazulernen, sie wollen mehr wissen von der fremden Welt, die sich mit ihrer althergebrachten Welt zusammentun will.
Die Frauen können sich dabei gut vorstellen, welche Vorteile der Besuch von Fremden haben kann. Junge Männer nutzen die Chance, ihr einmaliges Wissen über ihre Bergheimat an die Touristen weiterzugeben. Sie sind exzellente Wander- und Bergführer und können locker mit ihren Kollegen aus Österreich und der Schweiz mithalten. Längere Touren mit ihnen lassen das Herz höher schlagen: In jedem Tal, auf jeder Höhe begegnen einem Menschen mit unterschiedlichen Sitten und Gebräuchen. Sie gehen freundlich und, wie immer, herzhaft neugierig auf die Besucher zu. Und dabei kann man staunen über die kleinen Besonderheiten von Dorf zu Dorf: Die Farben der Kleider mit ihren Stickereien unterscheiden sich von einem Dorf zum anderen. Und die Motive des Silberschmucks haben andere Formen und Bedeutungen. Hier auf den Bergwanderungen, »im Zentrum des Himmels und der Erde«, erlebt man sehr direkt und intensiv, warum Vietnam als das ethnisch vielfältigste Land Südostasiens gilt.
Zum Ende der Reise versteht man die Empfehlung der Vietnamesen an die Fremden besser: »Versuchen Sie nicht, Vietnam zu verstehen – leben Sie es und seien Sie ein Teil von ihm – dann wird es sich für Sie öffnen.«
Zwei Stunden Autofahrt über den kurvenreichen Deo-Doc-Pass bis zur chinesischen Grenze in Lao Cai, dem hektischen, lauten Grenzort sind noch zu bewältigen. Dort wartet der Nachtzug nach Hanoi. Ein kleiner Ausflug an den Roten Fluss mit Blick »über den Gartenzaun« zum Nachbarn China lohnt sich. Für das Erinnerungsfoto an dem Grenzstein mit sozialistischem Charme muss man allerdings Schlange stehen. Es macht aber Spaß, weil man andere Menschen aus allen Himmelsrichtungen dieser Welt beobachten kann, wie sie sich fotografieren lassen: witzig, seriös, ernst. Ein internationales, albernes Mienenspiel, das schmunzeln lässt und nur einen sympathischen Gedanken zulässt: Irgendwie sind sie doch alle gleich, die Menschen.
Das ist eine gute Ablenkung von der Wehmut, die vielleicht so mancher verspürt am Ende dieser Reise – nein, bitte kein Abschied – auf Wiedersehen Vietnam.

Hoang Lien – ein Hochtal mit Weitblick

Sehenswürdigkeiten
Das gesamte *Hoang-Lien-Tal* mit seinen Bergdörfern ist die Sehenswürdigkeit schlechthin. Wandertouren auf guten Wegen über Wiesen, Reisterrassen und an Bergflüssen entlang ist eine Begegnung mit der Natur, wie man es selten erlebt.

Übernachten
Topas-Oeko-Lodge, 52 To Ngoc Van, *Hanoi*,
Tel: 0084 4 715 1005-7151 1006,
E-Mail: info@topas-adventure-vietnam.com
Victoria Train Lao Cai / Hanoi,
Kontakt: Generalmanager Mr. Ronan Bianchi, Sapa,
Tel: 084 20 871522, Fax: 0084 20 871539,
www.victoriahotels-asia.com

Essen und Trinken
Vom Frühstück bis zum Kerzenscheindinner ist in der *Öko-Lodge* alles aus eigener Herstellung. Das Gemüse kommt vom Hof, die Zutaten liefern die Bauern aus der Umgebung. Das Restaurant ist großzügig und gemütlich gestaltet, viele Fenster erlauben einen einmaligen Überblick über das ganze Tal. Für Familien mit Kindern gibt es spezielle Gerichte und liebevolle Betreuung.

Besonders zu empfehlen
Tagestouren durch das Tal von der Lodge aus. Die meisten Touren kann man alleine gehen. Durch den Rundblick von der Lodge über das Tal kann man sehr schön Start und Ziel sehen und festlegen. Zuverlässige Angaben über die Wanderdauer kann man also auch im »Fingerzeigverfahren« von den Einheimischen bekommen. Im Winter sind die Reisterrassen auch gut als gigantische Treppen zu benutzen, dann sind sie trocken, aber es geht mächtig auf die Beinmuskeln.

Auskunft
Exotissimo Travel, Main Office, 26 Tran Nhat Duat St., Hanoi,
Tel: 0084 4 828 2150
E-Mail: info@exotissimo.com,
www.exotissimo.com

Für Wanderungen in der wunderschönen Gegend kann man sich im *Victoria Sapa Resort* und in der *Topas-Öko-Lodge*, erkundigen. Hier gibt es gute Tourenberatung für alle Konditionen und zuverlässige Bergführer. *Victoria Train Lao Cai / Hanoi*, www.victoriahotels-asia.com

1 Blick zum Bergpanorama vom Hoang-Lien-Naturreservat. **2** Holz und Natursteine – die rustikale Architektur der Berghütten. **3** Petroleumlampen und Strom aus Solarzellen – genug Energie für das Gipfelrestaurant. **4** An den Hang gebaut – freie Sicht über alle Berge. **5** Ein neuer Weg – die »Öko-Lodge«.

Tourguide Minh Tri weiß, wo es langgeht – in eine friedliche Zukunft.

»Wo bitte geht's zum Krieg?«

Reisetipps für ein friedliches Land

Bilder, Bomber, Bunker

Auf den Spuren des Krieges

Der Kriegsvergangenheit Vietnams begegnet man nur noch, wenn man es will – und wenn man das will, dann gibt es viele Plätze und Orte, an denen man sich sachlich informieren kann.

Ob es die Tunnel von Cu Chi sind, in denen man heute gegen klaustrophobische Attacken kämpft und nicht gegen Feinde, ob es die Museen sind, in denen man mit den Tränen kämpft, weil man die Antikriegsbilder der 68er Jahre wiedererkennt, oder ob es die Erinnerung an die Ideologie von Ho-Chi-Minh ist, dessen Namen man mit erhobener Faust gerufen hat: Krieg, Niederlage, Sieg! Das gehört zur Geschichte Vietnams wie die Kaisergräber in Hue.

Aber Krieg, der gehört nicht mehr in die Köpfe der jungen Generation von Vietnam. Die schaut nach vorne und möchte teilhaben an den Chancen für eine neue Zukunft in einem Land ohne Krieg. Deswegen mussten Fotos vom Krieg in diesem Buch deutlich

1 Saigon 1967, Kinder im Ami-Jeep – die naive Arroganz der Macht. **2** Air Base Da Nang 1967, China-Beach, größtes US-Militärlager, im Hintergrund die Marmorberge. **3** Miss Saigon 1968. **4** Black Cat – fertig zum Einsatz. **5** Hoi An 1967 – Tod eines Familienvaters. **6** Da Nang 2007, Kriegsmuseum.

2

1

3

in den Hintergrund treten zugunsten der friedlichen Bilder von einer viermonatigen Reise durch ein wunderschönes Land.
Es ist die Macht der Bilder mit seiner Faszination der menschlichen Tragik und des Grauens, die mich zu dieser Entscheidung gebracht hat. Krieg bleibt im Kopf, das weiß ich aus persönlicher Erfahrung, aber um das zu wissen, muss man nicht in Vietnam gewesen sein. Viel zu viele Menschen auf der ganzen Welt müssen ähnliche Bilder ein Leben lang mit sich herumtragen.
Mein ganz persönliches Bild aus dem Vietnamkrieg 1967 ist das Foto mit der Mutter und dem Kind am Sarg des Vaters: Ich habe diesen Tag und den Blick des Kindes nie vergessen.
Für die Menschen in Vietnam, ihr Land, ihre Besucher und für mich habe ich diese Macht der Bilder jetzt endlich umgedreht: Ich wünsche mir, dass diese friedlichen Bilder in Zukunft genauso viel Kraft bekommen, wie die Bilder aus dem Krieg.

5

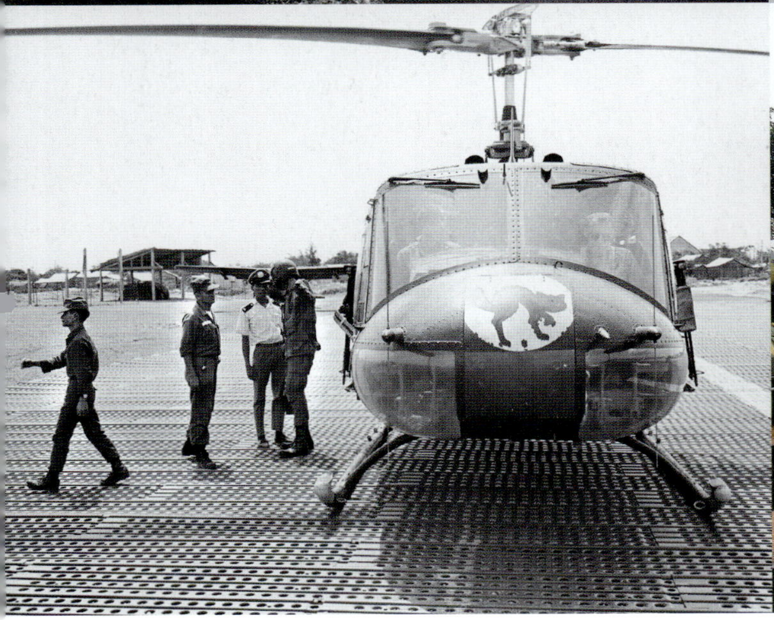

6

1

2

5

3

4

6

1 Can Ghio – Fischration für Vietcong. **2** Khe San – Orden für Touristen. **3** Vinh Moc – Tunnel für ein Dorf. **4** Khe San – Helme von Piloten. **5** Saigon – Bilder des Krieges. **6** Speedboot zum Vietcongdorf. **7** Cu Chi – Tarnung fürs Versteck. **8** Tien erklärt die Tour durch die entmilitarisierte Zone. **9** Thien-Mui-Pagode – das Auto des Märtyrers.

ĐẶC ĐIỂM, VỊ TRI CHIẾN LƯỢC
CUẢ ĐƯỜNG 9 - KHE SANH
BIỂN ĐÔNG
VĨNH LINH
GIO LINH
CAM LỘ
ĐÔNG HÀ
TRIỆU PHONG
XÊ PÔN
KHE SANH

8

Di vật
A relic

9

Zu Gast in Vietnam

Praktische Reiseinformationen

Einreise

Ein Touristenvisum ist für Bürger aus der Bundesrepublik Deutschland, Österreich und der Schweiz vorgeschrieben. Der Reisepass muss am Tage der Einreise noch mindestens 6 Monate gültig sein. Touristenvisa berechtigen zu einem Aufenthalt von 14 Tagen (55 Euro) oder einem Monat (64 Euro) für die einmalige Einreise. Bei der Immigrationsbehörde in allen großen Städten können die Visa verlängert werden. Visa können beantragt werden bei:
Botschaft der sozialistischen Republik Vietnam
Elsenstraße 3, 12435 Berlin, Tel: (030) 53 63 01 38,
www.vietnambotschaft.org
oder bei: *Konsulat S.R. Vietnam*, Konstantinstr. 37, 53179 Bonn, Tel: (0228) 95 75 40.

Deutsche Vertretung In Vietnam:
Deutsche Botschaft, 29 Tran Phu, Hanoi, Tel: (04) 845 38 36/7,
Mo.–Fr. 8.30–11.30 Uhr oder nach Vereinbarung.
www.germanembhanoi.org.vn
Generalkonsulat Saigon, 126 Nguyen Dinh Chieu,
Tel: (08) 829 19 67.
Mo.–Fr. 8.30–11.30 Uhr oder nach Vereinbarung.

Anreise

Tägliche Flugverbindungen ab/bis Deutschland nach/von Saigon und Hanoi mit Thai Airways, Cathay Pacific. Vietnam Airlines fliegt als einzige Fluggesellschaft von Frankfurt nonstop nach Saigon und Hanoi bis zu 5-mal wöchentlich.
Weitere Fluggesellschaften, allerdings nicht täglich, sind Air France, China Airlines, Lufthansa (nur Saigon), Quatar Airways (nur Saigon ab März 2007), Eva Air, Malaysian, Aeroflot, Singapore Airlines, Korean und Asiana.
Für Besucher, die sowohl Nord- als auch Südvietnam bereisen möchten, empfiehlt sich ein Gabelflug. Deutschland – Hanoi/Saigon – Deutschland, oder umgekehrt.
Es besteht außerdem die Möglichkeit von den Nachbarländern Laos, Kambodscha und der Volksrepublik China aus über Land nach Vietnam einzureisen.

Reisen im Land

Flugzeug: Die staatliche Fluggesellschaft Vietnam Airlines bedient ihr umfangreiches Streckennetz mit einer modernen Flotte. Modern deshalb, weil die Flotte bis auf die ATR 72 aus nagelneuen Maschinen besteht. Die alten russischen Antonov

1

und Tupulev sind seit geraumer Zeit ausgemustert. Die kürzeren Strecken, wie Saigon–Cam Ranh Bay (Nha Trang) und Phu Quoc oder Rach Gia–Phu Quoc, sowie Cam Ranh Bay–Danang werden mit ATR-72-Propellerflugzeugen bedient. Auf den längeren Flugstrecken werden Airbus, Fokker 70 und Boeing 777 eingesetzt.
An der Pünktlichkeit muss noch gearbeitet werden. Insbesondere in der Saison der Taifune, Oktober–Dezember sind häufig Verspätungen oder Ausfälle zu beklagen.

Eisenbahn: Wer mit der Eisenbahn durch Vietnam reisen möchte, ist gut beraten, sich rechtzeitig um Tickets zu kümmern. Insbesondere während des vietnamesischen Neujahrsfestes *tet* sind die Züge schon wochenlang vorher ausgebucht.
Wer mit der Bahn reist, sollte Zeit mitbringen. Die Züge fahren auf den teilweise maroden einspurigen Gleisen sehr langsam, so-

2

3

dass man sich des Gefühls nicht erwehren kann, nebenher laufen zu können. Allerdings ist eine Eisenbahnfahrt eine feine Gelegenheit, hautnah mit der Bevölkerung in Kontakt zu kommen.
Es gibt vier verschiedene Klassen, vom »hard seat« bis zum »soft sleeper«. Beliebt ist der Wiedervereinigungszug mit inzwischen klimatisierten Abteilen, der mehrfach täglich zwischen Saigon und Hanoi fährt. Fahrzeit 35–42 Stunden! Die angenehmste Zugfahrt Vietnams ist die mit dem Victoria-Express-Zug zwischen Hanoi und Lao Cai an die chinesische Grenze. www.victoriahotels-asia.com. Die fast 700 Kilometer lange Strecke Hanoi–Hue legt man am besten mit dem Flugzeug zurück.

Bus: Die lokalen Busse, die zwischen allen vietnamesischen Städten operieren, sind wirklich nur für *backpackers* geeignet. Die Busse sind dermaßen überfüllt, dass kein Streichholz mehr Platz findet, außerdem halten sie fast an jedem Strauch.
Besser sind die klimatisierten Reisebusse der kleineren Reiseveranstalter wie Sinh Cafe oder Kim Travel. Dort ist es möglich, für wenig Geld ein Open-Bus-Ticket zu kaufen von Saigon nach Hanoi oder umgekehrt und die Reise unterwegs beliebig oft zu unterbrechen.
Sinh Cafe, 246–248 De Tham, Saigon, Tel: (08) 836 73 78,
www.sinhcafevn.com.
Kim Travel, 270 De Tham, Tel: (08) 836 98 59, www.kimtravel.com
Beide Büros liegen in der Saigoner Rucksackmeile Pham Ngu Lao nahe des Ben-Thanh-Markts und bieten auch Touren an, die zwar preiswert sind, aber dafür sind die Unterkünfte eher spartanisch.

Auto: Das Auto ist die beste und angenehmste Art des Reisens, um Vietnam wirklich kennenzulernen. Unterwegs, bei schönen Fotomotiven, die schon bald reihenweise kommen, kann jederzeit angehalten werden. Ein Auto kann nur zusammen mit einem Fahrer gemietet werden. Ausländern ist es noch nicht erlaubt, ein Auto selbst zu steuern, und das ist auch gut so. Die Landstraßen sind zwar heute wesentlich besser als noch in den frühen 90er Jahren, aber immer noch dicht besiedelt. Wer will sich schon unglücklich machen, wenn einem ein kleines Kind oder eine alte Oma unkontrolliert vor das Auto läuft.

Mal davon abgesehen, dass ein Unfall natürlich auch dem Fahrer passieren kann.
Zum Glück wurden seit Kurzem endlich die Verkehrsregeln verschärft. Auf vielen Landstraßen und Highways finden neuerdings Geschwindigkeitskontrollen statt und Verkehrssünder werden mit saftigen Geldstrafen belegt. Nachtfahrten sollten nach Möglichkeit gemieden werden. Außerhalb der Städte gilt ab jetzt für Mopedfahrer Helmpflicht. Wer ein Auto mit Fahrer mietet, muss auch die Unterkunft für den Fahrer und eventuelle Leerfahrten zahlen.

Mopeds: Mopeds sind überall in Vietnam preiswert zu mieten. In den großen Städten ist davon abzuraten wegen des teilweise

chaotischen Verkehrs. Nur erfahrene Moped- oder Motorradfahrer sollten von dieser Art des Reisens Gebrauch machen.
Wer nicht vor Ort zu viel Zeit mit der Organisation der Reise verlieren will, ist gut beraten, seine Reise schon in Deutschland zu buchen.

Wer im Anschluss an eine Rundreise eine Badeverlängerung wünscht, sollte in Nordvietnam anfangen, um unnötiges »backtracking« zu vermeiden, da die Bademöglichkeiten in Nordvietnam sehr begrenzt sind.

Reiseveranstalter in Deutschland

Vietnam-Heise
Landeskenner und Spezialist für maßgeschneiderte Individualreisen. Auch Reisebausteine und Gruppenreisen mehrmals jährlich, die der Inhaber Peter Heise persönlich begleitet.
Jessenstraße 4, 22767 Hamburg, Tel: (040) 36 36 79 / 0172-402 77 92, Fax: (040) 46 77 55 91, www.vietnam-heise.de

Reiseveranstalter in Vietnam

Exotissimo Travel
Alteingesessenes, kompetentes Reiseunternehmen mit deutschsprachiger Abteilung und Filialen in Saigon, Hanoi, Da Nang. Ansprechpartner für den Süden und Da Nang: Pantanida Jantsakool, Ansprechpartner für den Norden: Véronique Ducassy.
9 Dinh Tien Hoang, District 1, Ho-Chi-Minh-City,
Tel: (08) 825 17 23, Fax: (08) 829 58 00, www.exotissimo.com

Asia Explore
Kleiner, aber zuverlässiger Laden. Spezialist für jeden Winkel von Ho-Chi-Minh-City und Anbieter von Touren durch das ganze Land. Der Besitzer, Herr Nam, spricht fließend Deutsch.
87 Nghia Thuc, Tel: (08) 924 20 92, Mobil 09 03 80 80 64.
E-Mail: asia-explore@vnn.vn, www.asia-explore.vn

Informationen in Vietnam
Hanoi

Highway4 Restaurant
Ungewöhnliche Ausflüge in das Hinterland, auch mit dem Motorrad für Sozius- und Selbstfahrer. 5 Hang Tre, Hoan Kiem, Hanoi (04) 926 0693. E-Mail: info@highway4.com, www.highway4.com
Mobil: 0913 52 46 58

Queen Cafe
Marktführer in Hanoi für Backpacker-Touren, 65 Hang Bac,
Tel: (04) 826 08 60, Fax (04) 826 03 00, www.queencafe.com.vn

Informationen in Deutschland

Bundesverband Deutsch-Vietnamesische Gesellschaft e.V.
Postfach 14 02 41, 40072 Düsseldorf, Tel: (0211) 48 97 22,
Fax: (0211) 48 95 62, www.vietnam-dvg.de

Klima und Reisezeit

Reiseveranstalter, die Ihnen erzählen wollen, Vietnam ist ganzjährig gut zu bereisen, sagen nicht ganz die Wahrheit.
Das Land hat eine Küstenausdehnung von etwa 3200 Kilometern. Wer das ganze Land Vietnam auf nur einer Urlaubsreise besuchen möchte, muss irgendwo unterwegs vom Wetter her immer Abstriche machen. Deshalb sollte das Motto sein: Weniger ist oft mehr.
Für *Nordvietnam* gilt: Die beste Reisezeit ist September bis November. Die Temperaturen sind dann in der Regel angenehm warm um die 25 °C und es ist trocken. Im Bergland des Nordens kühlen die Temperaturen im Dezember schon erheblich ab. Im Frühjahr, März–April, ist es zwar wärmer, aber häufig kommt es zu Dauer- und Nieselregen, der lange anhalten kann.
Mittelvietnam: Beste Reisezeit von Januar bis Mitte September. In den Monaten Oktober bis Dezember treten phasenweise Taifune auf. Es kann zu heftigen, tagelangen Regenschauern kommen. In Städten wie Hue oder Hoi An kann man sich schon mal nasse Füße holen. Gleiches gilt für die Badeorte Nha Trang und Mui Ne weiter südlich.

1 Lao Cai, die Grenze zu China. **2** Nachtzug nach Hanoi – im Victoria-Train. **3** Luxusbett im Wackelzug. **4** Geheimzeichen an den Gegenverkehr: »Nein Kumpel, hier ist keine Polizei.« **5** Handzeichen für »Achtung Kumpel: hier steht die Polizei«. **6** Regen im Mekongdelta. **7** »Zuhause anrufen« – nicht nur für ET – Internet in Vietnam, Dalat Palace Hotel.

Südvietnam: Beste Reisezeit Januar bis April. Nähere Informationen zum Klima siehe Klimatabelle.

Tet, das Neujahrsfest, ist das wichtigste Fest der Vietnamesen, es richtet sich nach dem Mondkalender zwischen Mitte Januar und Mitte Februar. Auch für Besucher ist es ein einmaliges Erleb-

nis, allerdings hat niemand Zeit für die »Langnasen«, es wird fröhlich gefeiert. Viele der Auslandsvietnamesen fahren zu *Tet* in die Heimat zum Familienbesuch. In dieser Zeit sind viele Restaurants geschlossen, Flüge und Hotels sind ausgebucht, und die Preise für Unterkunft, Gastronomie und Transport verdoppeln sich. In vielen Hotels ist ein teures Festmenü dann obligatorisch.

Sicherheit

Vietnam ist eines der sichersten Reiseländer der Welt. Gewaltverbrechen an ausländischen Besuchern sind äußerst selten, da die Regierung in solchen Fällen rigorose Strafen verhängt, aber in den großen Städten Saigon und Hanoi ist auf Taschendiebe zu achten. Spät nachts ist es nicht ratsam, in dieser Stadt mit dem *Cyclo* (Fahrradtaxi) zu fahren. Taxen sind preiswert. Bitte darauf achten, dass der Taxifahrer das Taxameter einschaltet. Wertsachen wie Reisepässe, Flugtickets, Kreditkarten und Geld am besten immer im Zimmersafe lassen, wenn vorhanden, oder an der Rezeption in Verwahrung geben und nur so viel Geld mitnehmen, wie täglich benötigt wird.

Notruf

Polizei 113, Feuerwehr 114, Krankenwagen 115

Telefon

Die Vorwahl für Vietnam ist 0084, anschließend wählt man die Ortsvorwahl ohne 0 und dann die Teilnehmernummer. Von Vietnam nach Deutschland wählt man 0049, Österreich 0043 und von der Schweiz 0041. Auch in Vietnam existieren preiswerte Vorwahlnummern. Wer 17100 vorwählt, spart Geld. Das ist auch vom Hotelzimmer aus möglich. Mit dem deutschen Mobiltelefon können Sie in den größeren Städten telefonieren, aber die Kosten sind sehr hoch. Besser kauft man eine Prepaidkarte im Telefonladen (z.B. Vinaphone). Mit der vietnamesischen Telefonnummer ist das Telefonieren dann erheblich günstiger.
Wenn Sie von Deutschland aus auf Ihrer vietnamesischen Handynummer angerufen werden möchten und Ihr Gesprächspartner die 01035 vorwählt, ist das Telefonieren sehr günstig, oft unter zehn Cent pro Minute.
Das Internet wird insbesondere von jungen Vietnamesen häufig genutzt. Internetcafés gibt es inzwischen wie Sand am Meer und das Surfen ist sehr preiswert.

Straßenverkehr

Der Straßenverkehr in Vietnam ist teilweise chaotisch, insbesondere in Saigon und Hanoi. Es wimmelt nur so von Mopeds. Wer die Straße überqueren möchte, sollte sich langsam und mit fließenden Bewegungen fortbewegen und nicht abrupt stehen bleiben. Aber es wird langsam besser. Mittlerweile halten die meisten Mopeds sogar, wenn die Ampel auf Rot steht.

Geld

Der Euro setzt sich in Vietnam immer mehr durch. Für 50er- und 100er-Scheine gibt es einen leicht besseren Wechselkurs als für kleinere Scheine. Alle internationalen Flughäfen sind mit Banken ausgestattet, in denen nach Ankunft getauscht werden kann. Jede Hotelrezeption wechselt Geld. Der Wechselkurs in den Hotels ist nur geringfügig ungünstiger als in der Bank. Auch Juweliergeschäfte tauschen gern. Es gibt keinen Schwarzmarkt. 1 Euro entspricht momentan (Stand Januar 2007) etwa 21 000 vietnamesischen Dong. Gut zu merken: 1 Euro = 20 000 VND. Die Zeiten, wo es für 100 DM eine Plastiktüte voller vietnamesischer Geldscheine in kleinen Nominationen gab, sind glücklicherweise vorbei. Reiseschecks können nur in Banken eingelöst werden.
In den größeren Städten kann problemlos über Kreditkarte und EC-Karte in Automaten Geld abgehoben werden (pro Entnahme bis zu 2 Millionen Dong, knapp 100 Euro). Das funktioniert allerdings nur mit Geheimnummer. In den meisten Hotels, Geschäften, Galerien und in besseren Restaurants werden die gängigen Kreditkarten akzeptiert.

Gesundheit

Leitungswasser sollte nicht getrunken werden. Überall gibt es Mineralwasser zu kaufen. Die Versiegelung der Wasserflaschen sollte unbeschädigt sein. Die besseren Hotels stellen Mineralwasser auf dem Zimmer kostenlos zur Verfügung. Bitte essen Sie keine Meeresfrüchte, die an den Stränden von Strandverkäufern feilgeboten werden. Es sieht verlockend aus, aber manchmal werden die Waren, die abends nicht verkauft wurden, am nächsten Tag erneut angeboten. In den Restaurants können Sie bedenkenlos Meeresfrüchte essen, da die Waren immer frisch sind. Empfehlenswert sind Impfungen gegen Hepatitis A und B, Tetanus, Tollwut und Polio. Malaria: Jeder Reisende muss nach Rücksprache mit Ärzten oder Tropeninstituten selbst entscheiden, ob er sich prophylaktisch schützt oder ein Stand-by-Präparat mitnimmt. Das Malaria-Risiko kann auch gedämmt werden, indem man zum einen täglich eine Vitamin-B_1-Tablette nimmt, deren Ausdünstung die Mücken nicht mögen – und zum anderen sich bei Dämmerung und Sonnenaufgang mit Mückenspray einreibt. Vogelgrippe: Bitte halten Sie sich von lebendem Geflügel fern.

Filme, Fotografieren, Strom

Wir empfehlen genügend Filmmaterial von zu Hause mitzubringen, da die Filme in Vietnam zwar problemlos zu kaufen sind, oft aber zu warm gelagert werden. Die Vietnamesen lassen sich in der Regel gern fotografieren, man sollte trotzdem immer vorher fragen, oder sich durch eine Geste das O.K. holen. Die Roten Dzao im Bergland des Nordens fotografieren Sie bitte nicht, weil sie glauben, durch ein Foto ihre Seele zu verlieren. Die Bergvölker in Nordvietnam verlangen ab und an für ein Foto Gegenleistungen. Am besten kauft man ihnen eine Kleinigkeit ab.
Vietnam hat 110/220 Volt Wechselstrom. Die meisten Steckdosen entsprechen unserer Norm. Nördlich von Hanoi sollte ein Welt-Adapter mitgeführt werden.

Kleidung

Wir empfehlen leichte, atmungsaktive Baumwollkleidung. Für Nordvietnam sollten auch warme Kleidung, festes Schuhwerk und Regenschutz mit ins Gepäck. In den meisten Hotels können Sie Ihre Kleidung preiswert und schnell reinigen lassen.

Übergepäck

Die Verführung zu Mitbringseln ist groß, ebenso wie die Überraschung am Flughafen, wenn die Rechnung für das Übergepäck kommt. Air France ist hier sehr streng, jedes Gramm über dem Erlaubten muss bezahlt werden, und zwar sehr teuer, pro Kilogramm 23 Euro. Andere Fluggesellschaften sind da etwas kulanter: Lufthansa ist absolut soverän, mit Thai kann man verhandeln. Aber verlassen Sie sich nicht darauf. Manchmal hilft jedoch ein freundliches Telefonat ein paar Tage vor der Abreise. Gepäckerlaubnis Economy-Klasse: 20 Kilogramm, Business-Klasse: 40 Kilogramm.

Die wichtigsten Feiertage

03. Februar: Gründung der Kommunistischen Partei Vietnams
30. April: Tag der Befreiung Saigons von den Amerikanern
19. Mai: Geburtstag von Ho Chi Minh
02. September: Proklamation der Unabhängigkeit von der französischen Kolonialmacht.
Die buddhistischen Feiertage richten sich nach dem Mondkalender. Wichtige Feste sind Buddhas Geburtstag *wesak* im Frühjahr und das Fest der wandernden Seelen im Sommer.

Tet-Fest

Das *Tet*-Fest ist das wichtigste Ereignis in Vietnam, ein Familienfest vergleichbar mit unserem Weihnachtsfest. Das Fest dauert insgesamt sieben Tage, davon werden fünf Tage intensiv gefeiert. In dieser Zeit sind Banken, Behörden, viele Geschäfte und Restaurants geschlossen. Das *Tet* markiert den Beginn des neuen, nach dem chinesischen Mondkalender berechneten Jahres. (Zwischen Mitte Januar und Mitte Februar.) Es ist auch ein Fest der Reinigung. Häuser und Tempel werden schon Tage vor dem Fest blankgeputzt. Es ist auch das Fest der Blumen. In den Tagen vor dem *Tet* sind ganze Straßenzüge mit Aprikosen- und Mandarinenbäumchen oder blühenden Pfirsichbaumzweigen geschmückt. Die ersten Tage des Festes nutzen die Vietnamesen zum Besuch von Familie, Nachbarn und Freunden, mit denen sie gemeinsam Tempel und Pagoden aufsuchen. Am letzten Abend des alten Jahres versammeln sich die Familien am Ahnen-Schrein, um den Vorfahren zu danken und ihrer zu gedenken. Fast alle Vietnamesen betreiben den Ahnenkult. Die Altare werden mit frischem Obst, einem Glas Schnaps und Reiskuchen geschmückt, Räucherstäbchen werden angezündet. Sie beschenken sich untereinander mit nagelneuen Geldscheinen, die in roten Umschlägen überreicht werden. Rot ist die Farbe des Glücks. Alles, was in den ersten Stunden des neuen Jahres passiert, wird als gutes oder schlechtes Omen für das ganze Jahr gesehen. Manche Vietnamesen mögen es gern, wenn ausländische Gäste als Erstes ihr Haus betreten, sie glauben, es bringt Ihnen Glück und Reichtum.

Umgang mit den Menschen

Die Vietnamesen sind in der Regel sehr offene, umgängliche Menschen.
Es gibt nur ganz wenige Länder, in denen man näher an die Menschen herankommt als hier. Die Vietnamesen sind äußerst gastfreundlich, teilweise sogar neugierig. Wundern Sie sich nicht, wenn Ihnen manchmal auch intime Fragen gestellt werden. Die Vietnamesen lachen viel und gerne. Im Lande herrscht eine große Aufbruchstimmung. Die Menschen denken lieber an heute und morgen, nicht so sehr an die Vergangenheit. Auf den Krieg werden sie nicht so gerne angesprochen.
Beim Kauf von Souvenirs auf der Straße werden Touristen manchmal übervorteilt. Sollten Sie in ein Streitgespräch geraten (z. B. beim Feilschen über einen Preis), bitte nicht laut werden, sondern ruhig und sachlich argumentieren. Wenn Sie überreagieren, verlieren Sie Ihr Gesicht. Offen gezeigte Ungeduld bringt niemanden weiter. Wer mit dem Cyclo fahren möchte, sollte den Fahrpreis vorher unbedingt aushandeln, sonst kann es unliebsame Überraschungen geben. Faustregel: 20 000 Dong pro Stunde. Die Einheimischen zahlen erheblich weniger.
Visitenkarten, wenn vorhanden, sollten Sie in Vietnam dabeihaben und mit beiden Händen überreichen.

2

Die Vietnamesen legen großen Wert auf ordentliche Kleidung, insbesondere in Tempeln und Pagoden. Niemals jemandem die Fußsohlen entgegenstrecken und niemals jemanden nach europäischer Art heranwinken, das sind die Dinge, die besonders zu beachten sind.

Top-Tipps in Vietnam

Was Sie unbedingt gesehen haben sollten:

Halong-Bucht
Genießen Sie die Bucht des herabsteigenden Drachens auf einer traditionellen Holzdschunke.

Tam-Coc-Nationalpark
Faszinierende Karststeinlandschaft per Ruderboot, dass in der Regel von Frauen mit den Füßen fortbewegt wird.

Bergland des Nordens
Ein Besuch im Luftkurort Sapa und auf dem Markt der Bergvölker in Bac Ha ist ein besonderes Erlebnis. Begegnungen mit ethnischen Minoritäten.

Hoi An
Ein Spaziergang durch die Altstadt von Hoi An. Hier treffen asiatische und europäische Kulturen aufeinander.

Abenteuer Mekongdelta
Bootsfahrten durch kleine Flüsse und schwimmende Märkte in der Reiskammer Vietnams. Erleben Sie die schwimmenden Häuser, in denen Pangasiusfische gezüchtet werden.

Tropeninsel Phu Quoc
Malerische Strände, Pfefferplantagen und idyllische Fischerdörfer prägen diese Trauminsel.

1 »Madame et Monsieur, es ist angerichtet«, zu einer Rundfahrt durch Da Lat, Palace Hotel. **2** »Schwein gehabt« das *Tet-Fest* beginnt – 2007 ist »das Jahr des Schweins« für die Vietnamesen.

Register

Personen

Baez, Joan 134
Bao Dai (Kaiser) 72, 79, 121, 141
Belafonte, Harry 65

Caine, Michael 134
Cao Dai 40
Cham (Volk) 81
Chaplin, Charlie 123
Craik, Richard 48, 58

Faldo, Nick 89
Fonda, Jane 134

Goddard, Paulette 123
Greene, Graham 27, 134
Gröhs, Wolfgang 135

Han Mac Tu 93
Ho Chi Minh 139
Hugo, Victor 40
Hung, Dr. Nguyen Ba 73

Lennaerts, Louk 94
Loi, Le 9, 137

Maugham, Somerset 134
Moore, Roger 134

Newton, Isaac 40

Orleans, Jungfrau von 40

Pol Pots Garden 51

Quyen, Ngo 143

Sirot, Antoine 69
Stamm, Hanno 47, 58

Hautnahe Saigon-Recherche. Autor Jochen Voigt auf Dienstreise mit Stadtkenner Nam und Vy.

Sullivan, James 122

Trung, Hai Ba 9, 44

Van Chieu, Ngo 31

Waba, Manfred 135

Orte und Begriffe

An Thoi 63, 94
An-Thoi-Inseln 63

Ba Trang 145 f.
Ba Tu 76
Bach Dang 114
Ban Lac 168
Bat Trang 145
Binh Dinh 97

Cai Be 46
Cai Rang 47
Cam Ranh 85, 95, 97
Can Cau 174
Can Tho 9, 39, 40, 43, 48, 52
Cat Ba 159
Chai Village 45
Cham 99
Chau Doc 51, 52, 56
China 7, 43

Pantanida Jantsakool, der schöne Schutzengel im Hintergrund: Leiterin der Deutschen Abteilung von Exotissimo Saigon.

Cu Chi 33, 182
Cua Dai 114
Cuc Phong 159
Cuc-Phung-Nationalpark 160

Da Nang 97, 100, 105 ff.,
Dai Ninh 76
Dalat 9, 11, 69 ff., 75
Di Linh 76
Dien Bien Phu 9, 140, 172
Duong Duong 63 f.

Golf von Thailand 51
Golf von Tonking 7, 159
Gougar-Wasserfall 76

Ha Long 153
Haiphong 7, 156, 159
Hai-Van-Pass 117
Halong-Bucht 4 f., 11, 151 ff.
Han Fluss 105
Hanoi 7, 9 ff., 76, 130 ff., 165, 178
Hoa Bingh 166
Hoang Lien 177
Hoan-Kiem-See 137
Ho-Chi-Minh-City 7, 9, 10, 11, 19, 20, 27, 29, 33
Hoi An 9, 11, 101, 105, 109 ff., 114
Hue 11, 105, 117, 122, 182
Huyen-Kong-Höhle 107

Kambodscha 7, 43, 51, 52, 63
Khu Tuong 63
Korsika 63

Lai Chau 172
Lang Co 117
Lao Cai 9, 11, 178
Laos 7

Mai Chau 165 ff., 171
Mekongdelta 7, 11, 33, 35 ff., 47, 53
Moskau 141
Mount Phan Si Phan 171, 174, 177
Mui Ne 11, 75 ff., 89

Nha Trang 11, 79 ff., 85, 94, 95, 97
Ninh Binh 159

Véronique Ducassy, eine Französin in Hanoi. Die Generalmanagerin von Exotissimo Hanoi.

Ninh-Van-Bucht 85
Nui Sam 51, 52

Phan Thiet 76, 89 ff.
Phang Rang 81, 99 ff.
Phu Quoc 11, 51, 61, 63
Po Nagar 80, 99

Quang Binh 10
Quy Nhon 7, 93 ff.

Rotes-Fluss-Delta 7, 160

Sa Dec 58
Saigon 9, 15, 16, 18, 22, 54, 76
Saigon River 15
Sapa 9, 11, 165, 171, 174
Son La 172
Song Da 165
Song-Da-See 166

Tam Coc 160
Thay Ninh 33
Thu-Bon-Fluss 107, 111
Tra On 46
Tran Phu 80
Tra-Su-Nationalpark 58
Truong-Son-Gebirge 117

Van Phong Bay 81
Vinh 9
Vinh Long 47

Xuan-Huong-See 72

Yen Bai 61

Hotels

Ana Mandara Resort 80, 83

Bach Dang Hotel 107
Bassac 40, 45, 46, 49

Nam, Chef Asia-Explore, Saigon. Pfiffig, zuverlässig, spricht gut Deutsch.

Cassias Cottage 8, 61, 65
Cham Villas 77

Dalat-Palace-Hotel 69

Evason Hideaway 87

Furama Resort Danang 107

Harbor View Hotel 161
Hilton Hanoi Opera Hotel 137
Hoi An Trails Resort 115
Hoi An Trails Resort 115
Hotel Caravalle 26, 27
Hotel Continental 27

La Résidence Hotel & Spa 121, 125
La Veranda 65
La-Anh-Hotel 172
Life Resort Hoi An 115
Life-Resort Quy Nhon 8, 94, 97

Majestic Hotel 26, 28

Novotel Coralia Ocean Dun Resort 89, 91
Novotel Dalat 73

Park Hyatt Saigon 26, 27
Pilgrimage Village 123

Rex Hotel 26, 28

Sailing Club Mui Ne 76 f.
Sofitel Dalat Palace Hotel 73
Sofitel Metropole Hanoi 137
Sunrise Beach Resort 83

Thin Thai Hotel 137
Thuy Anh Hotel 161
Topas-Oeko-Lodge 179
Trade-Union-Hotel 172

Victoria Sapa Resort Hotel 175
Victoria-Hotel 49
Victoria-Hotel Chau Doc 54, 58, 59

Peter Heise, Vietnamexperte in Hamburg, Ratgeber und Kontakter allererster Klasse. Chef Vietnam-Heise.

Impressum

»›Zeit für Vietnam‹ ist eine bunt bebilderte, charmante Einladung, Land,Leute und Luxushotels zu erleben.«

Die Zeit, Dezember 2007

»Sein Buch – Fotobuch, Kulturatlas und Reiseführer zugleich – ist besonders für Vietnam-Entdecker interessant.«

Der Spiegel, November 2007

Der Autor und Fotograf:
Autor Jochen Voigt war 1967/68 als 20-jähriger Fotoreporter im Kriegsvietnam. Als er 40 Jahre später das Land wieder besuchte, spürte er deutlich, dass ihn über seine ganzen Berufsjahre als Fotograf, Kameramann und Fernsehautor kein Land nachhaltiger und intensiver beschäftigt hat, als Vietnam. Heute weiß er, dass es die Menschen sind, die ihn immer wieder fasziniert haben. Menschen von einmaliger Liebenswürdigkeit, Offenheit und witzigem Charme, der immer wieder ansteckt und Lebensfreude vermittelt. Diesen Menschen und ihrem Land widmet Jochen Voigt sein Buch.

Einbandfotos:
Vorderseite: Evason Hidaway Rock Villa (großes Bild); Auf dem Liebesmarkt in Can Cau, Innenhof der Thien Hau Pagode, Straßenszene in Saigon (oben, von l. nach r.).
Vordere Klappe: Der Autor mit seiner »Vietnam-Leica«.
Rückseite: Bei Chau Doc.

Bildnachweis:
Alle Fotografien stammen von Jochen Voigt mit Ausnahme von: S. 124 Mr. Cu, S. 125 Doug Young.

Alle Angaben dieses Bandes wurden vom Autor sorgfältig recherchiert und vom Verlag auf Stimmigkeit und Aktualität geprüft. Allerdings kann keine Haftung für die Richtigkeit der Informationen übernommen werden.

Für Hinweise und Anregungen sind wir dankbar. Zuschriften an den:

Bruckmann Verlag, Produktmanagement, Postfach 80 02 40, D-81673 München,
E-Mail: lektorat@bruckmann.de

Produktmanagement und Bildauswahl: Joachim Hellmuth
Textlektorat: Anke Höhne
Graphische Gestaltung: Werner Poll, Putzbrunn
Karte: Astrid Fischer-Leitl, München
Herstellung: Bettina Schippel
Repro: Repro Ludwig, Zell am See
Printed and bound in Italy by Printer Trento

Dank:
Mein Dank gilt allen, die in der langen, nicht immer einfachen Zeit in Vietnam, an dieses Buch und meine Arbeit geglaubt haben. Ein ganz besonderer Dank geht an Patanida Jantsakool von Exotissimo in Saigon, sie hatte die Hauptlast mit mir zu tragen. Verträge gab es nicht zwischen uns – nur Vertrauen, aber das hat mir für diese Arbeit viel Kraft gegeben.

Danke an die Lufthansa in Hamburg: Übergepäck ohne einen Cent. »Machen Sie ein schönes Buch dafür! Ja gerne, danke.« – Service wie in alten Zeiten.

Danke an Thai Airways, Frankfurt, für das Übergepäck auf dem Hinflug. Danke an das Bangkok-Büro der Thai für das überraschende Abschiedsgeschenk.

Die Deutsche Bibliothek – CIP-Einheitsaufnahme

ISBN 978-3-7654-4850-8